Le langage des fleurs
et les dictons bucoliques
de Michel le Jardinier

DANS LE LIVRE DE POCHE

Almanach de Michel le Jardinier,
par M. Lis et M. Barbier

MICHEL LIS et MICHEL BARBIER

Le langage des fleurs et les dictons bucoliques de Michel le Jardinier

Dessins originaux de Marlène Lis

MENGÈS

© Éditions Mengès, 1980

Envoi... de fleurs

Savez-vous parler fleur ? C'est là le langage éternel des amants, que la nature nous offre à profusion au fil des saisons. Encore faut-il savoir le déchiffrer. C'est ce code du parler fleur, cher lecteur, qui allez vous promener dans notre jardin secret, que nous vous offrons.
« La fleur », dit M. de Chateaubriand, « donne le miel, elle est la fille du matin, le charme du printemps, la source des parfums, la grâce des vierges, l'amour des poètes ; elle passe vite, comme l'homme, mais elle rend doucement ses feuilles à la terre.
Chez les Anciens, elle couronnait la coupe du banquet et les cheveux blancs du sage.
Les premiers chrétiens en couvraient les martyrs et l'autel des catacombes ; aujourd'hui, et en mémoire de ces antiques jours, nous la mettons dans nos temples. Dans le monde, nous attribuons nos affections à ses couleurs, l'espérance à sa verdure, l'innocence à sa blancheur, la pudeur à sa teinte de rose. »
La période est ample ; c'est que le sujet est vaste et vieux comme le monde !
Le vrai langage des fleurs, du moins tel qu'il vous est proposé dans cet ouvrage, date du

Xe siècle. Époque où l'Occident, après un millénaire ou presque, rencontra à nouveau l'Orient à l'occasion des croisades en Terre sainte. Ce Levant mystérieux d'où nous sont venues la plupart des fleurs que nous connaissons aujourd'hui. Fleurs parachevées dans leur beauté par l'art quasi alchimique des jardiniers hollandais, qui surent les premiers créer les fleurs doubles et multiplier leurs teintes à l'infini. En particulier avec les œillets et les tulipes.

En ces temps aussi l'Orient enferma ses femmes dans les harems et la chevalerie les siennes dans ses châteaux forts et ses couvents. Le langage des fleurs est né de la double contrainte à laquelle étaient soumises les femmes. Privées de liberté et de moyens d'expression, en leur finesse infinie, elles inventèrent ce code secret des sentiments voilés. D'art naïf pour jeunes filles en fleur, le langage allégorique de ces beautés de la nature devint un authentique moyen parfumé de dire avec une éloquence muette sans pareille ce que la raison commandait au cœur de dissimuler. C'est ce jeune Persan passant près d'un harem et jetant à une belle odalisque une tulipe ou un balisier, qu'elle interprète ainsi : « Mon cœur est enflammé comme les pétales de cette fleur ; si vous ne partagez pas ses feux, bientôt il sera consumé comme le centre charbonné de cette tulipe. » C'est aussi en Europe cette nouvelle Oriane, renfermée dans un cloître abhorré, jetant à son amant un myosotis mouillé de ses larmes : « Ne m'oubliez pas », dit-elle.

La politique même s'est servie de ce langage mystérieux : ce fut le chardon en Écosse, la rose rouge et la rose blanche en Angleterre, en France le lis, puis un instant la violette... La violette a joué un rôle célèbre dans les troubles de 1815. A cette époque les « napoléonistes » affectaient de porter un bouquet de violettes à la boutonnière. « On connaît aussi le dicton, affirme Berthelot dans le Dictionnaire de la conversation *(1833) des vieux soldats sur "Papa la violette" dont ils espéraient le retour au printemps. »*
Une histoire authentique en témoigne : le célèbre poète Saadi étant esclave rencontre un grand seigneur. Il lui présente une rose et lui dit : « Hâte-toi de faire le bien tandis que tu le peux, car la puissance est comme cette fleur : elle ne dure qu'un instant. » Le grand seigneur le comprit et lui fit rendre la liberté. Nous sommes loin ici du bonhomme La Bruyère affirmant : « L'amateur ne va pas plus loin que l'oignon de sa tulipe, qu'il ne livrerait pas pour mille écus : cet homme raisonnable, qui a une âme, un culte, une religion, est content de sa journée, il a vu ses tulipes. » Si l'important demeure la rose, l'essentiel est de la comprendre.
Par exemple, un souci signifie « peines », « chagrins » ; réuni à d'autres fleurs, il représente la chaîne de la vie mêlée de biens et de maux ; avec une rose, il indique seulement un chagrin d'amour, avec une marguerite, il veut dire : « Je songerai à vos peines. » Une fleur présentée à la main exprime littéralement la phrase composant sa devise ;

mais, si on la renverse, elle prend une signification absolument contraire. Ainsi une branche de myrte, qui veut dire « je vous aime », signifiera « je vous hais » si l'on tourne la fleur vers la terre. Au vieux temps de la chevalerie, lorsqu'une noble dame ne voulait ni accepter ni rejeter les vœux d'un preux chevalier, elle couronnait son front de marguerites blanches, ce qui signifiait : « J'y songerai. » Mais si elle plaçait sur sa tête un chapeau de roses, c'était lui dire : « Soyez heureux ! »

Ami lecteur, faut-il qu'on ose
Et que, sur ton chef valeureux,
On dépose en ce livre une rose
Pour que tu dises : Je suis heureux.

Les auteurs

*Des fleurs sachez donc le langage.
Apprenez-le, dans l'Orient
L'amour en fait un doux usage
Et lui doit son plus tendre hommage.
Langage adroit, livre riant,
Qui secrètement nous enflamme,
Et sur ses fragiles feuillets
Dit en caractères secrets
La joie et la peine de l'âme.*

Le langage des fleurs

Abécédaire du langage des fleurs

ABSINTHE : absence, amertume.
Le mot est d'origine grecque. Les poètes Arthur Rimbaud et Paul Verlaine ont célébré cette terrible fée, que d'autres ont nommée plus justement « la mort verte ». Son suc, en solution alcoolique, attaque le système nerveux, et sous ses petites fleurs jaunes se cache l'absence causée par le trépas de l'être cher.

ABSINTHE PETITE MARINE : lointain voyage

ACACIA BLANC : amour platonique
Certains naturels d'Amérique ont consacré la fleur de l'acacia blanc au génie des amours chastes. Ils en offraient une branche fleurie à l'élue de leur cœur. *L'acacia rose* est l'emblème de l'élégance.

ACANTHE : beaux-arts

La légende veut qu'une jeune fille de Corinthe sur le point de prendre époux mourut subitement. Sa nourrice recueillit plusieurs petits affiquets auxquels durant sa vie la défunte s'était attachée. Pour les conserver à l'abri des injures du temps, la brave femme les déposa sur le tombeau, dans une corbeille recouverte d'une tuile. La racine d'une feuille d'acanthe, qui poussait par là, propulsa feuilles et tiges autour de la corbeille, qu'elle entoura bientôt de ses volutes. Le sculpteur Callimaque remarqua le gracieux couronnement des feuilles naissantes ; la forme lui plut ; d'après ce modèle il établit les règles et proportions de l'ordre corinthien, si connu depuis en architecture.

ACHILLÉE MILLEFEUILLES : soulagement

Cette plante est dite autrement « herbe de Saint-Jean », « herbe de Saint-Joseph », « herbe au charpentier ». On raconte que Joseph, charpentier, s'étant blessé avec un outil, le petit Jésus, qui jouait non loin de là, avait appliqué sur la plaie les feuilles de cette plante, et que la blessure s'était cicatrisée rapidement.
La mythologie nous apprend qu'Achille, le premier, l'utilisa pour la cicatrisation des plaies.

ACONIT : dissimulation

L'*aconit napel*, qui en est l'espèce la plus connue et la plus usitée en médecine, est un poison violent. Gaulois et Germains trempaient leurs flèches dans son suc pour en empoisonner l'extrémité.

L'aconit est appelée aussi « tue-loup bleu », gueule de loup », « caprice de Marie », « pistolet » et « sabot du page ».

ADONIDE : souvenir douloureux et pénible
La mythologie gréco-latine nous conte que le jeune Adonis devint si beau que Vénus elle-même s'en éprit d'amour. Certain jour, chassant, un sanglier le blessa mortellement. Pour se conserver le souvenir impérissable de ce bel adolescent, Vénus le changea en cette plante, dont chaque fleur ressemble à une goutte de sang.

ADOXA MUSCATELINE : faiblesse d'amour

AGNUS-CASTUS : vivre sans aimer, froideur
Les prêtresses de Cérès formaient leur couche virginale des rameaux odorants de cet arbuste. Elles le considéraient comme le meilleur rempart de leur chasteté. Dans de nombreux ordres religieux, on buvait une eau distillée de ses rameaux pour éloigner les pensées trop terrestres des cellules des moines solitaires. Ceux-ci habituellement portaient un couteau dont le manche était fait du bois de l'agnus-castus comme un moyen sûr de rendre leur cœur insensible.

AIGREMOINE : dévouement, douceur, mesure
Les Grecs l'appellent « eupatoire ». On la connaît sous le nom d'« herbe de Saint-Guillaume », « thé des bois », « sorbelette ». Dans le Nord, il est utilisé en guise de thé infusé,

au goût agréable, qui guérit l'incontinence et lave les plaies.

AILANTHE : bienfait des dieux
On le nomme également « vernis du Japon » en France, et en Chine « arbre du ciel ».

ALGUES MARINES/FUCUS ET VARECHS : instabilité

ALISIER : harmonie, accord
Son bois sert à la confection d'instruments de musique.

ALMOUZA : rivalité

ALOÈS : chagrin, douleur
L'*aloès succotrin* fournit un suc fort estimé en médecine.
Une variété, dite *aloès bec de perroquet*, dont la feuille ressemble, de loin, à la conformation buccale de ce psitaccidé, évoque le caquet de la commère.

ALYSSE DES ROCHERS : tranquillité, calme
On dit que cette petite plante ne craint ni la tempête, ni l'orage, ni le vent. Les Anciens la tenaient comme un remède efficace contre la rage.

AMANDIER : étourderie, frivolité
Combien de fois les dernières gelées de l'hiver n'ont-elles pas noirci les fleurs à peine ouvertes de cet étourdi qui veut fleurir trop tôt !
Démophon, fils de Thésée et de Phèdre, reve-

nant de Troie, fut jeté par la tempête sur le rivage de Thrace. La belle Phyllis y régnait alors ; les deux jeunes gens tombèrent amoureux l'un de l'autre, et Démophon devint l'époux de Phyllis. Quelque temps plus tard, le jeune amant fut rappelé à Athènes par son père. Il promit de revenir à une date précise. En amoureuse, Phyllis compta chaque seconde de leur séparation. Au jour dit elle courut sur le rivage, mais point de Démophon. Elle en mourut sur-le-champ, et là où tomba son corps poussa un amandier. Trois mois plus tard, l'amant oublieux revint et, fou de douleur, se jeta au pied de l'arbre pour demander pardon. L'amandier se couvrit alors instantanément de mille fleurs. Phyllis, par cet ultime geste, signifiait à son amant étourdi que même la mort n'avait pu changer son amour pour lui.

AMARANTE : immortalité

Parce qu'elle est d'une beauté sombre et sévère, les Anciens la plantaient autour des tombeaux et la consacraient au culte de la mort. En se desséchant, elle conserve forme et couleur.
Roucher écrit d'elle :

Fière de ses longs jours au zéphir inconstant
L'Amarante a livré son panache éclatant.

AMARYLLIS : fierté

Originaire du cap de Bonne-Espérance, de l'Amérique méridionale et de l'Inde, cette plante, dont la fleur de changeante couleur est tantôt rose, tantôt pourpre et parfois jaune, réclame de l'horticulteur les soins les plus minutieux. Son port élevé et son noble maintien lui ont valu cette symbolisation.

AMELLE : désir de plaire

C'est un aster plus spécialement dénommé « œil de Christ ». Ses fleurs d'automne oscillent dans le vent de la fin des beaux jours, comme si elles nous appelaient pour les admirer. Elles ont jusqu'au bout des feuilles ce désir de plaire chanté par le poète :

L'amelle orne les prés; facile à découvrir
Au regard qui la cherche elle semble s'offrir.
Sur sa tige étalée en touffe gazonnante
Se dresse des rameaux la forêt verdoyante
Et le disque des fleurs qui brille d'un
                  or qui
Adoucit son éclat par des rayons d'azur.

AMMI : fécondité

On la nomme aussi « visnage », « herbe aux cure-dents ».

ANAGOSYS : oubli éternel

ANANAS : perfection

Il réunit tout ce qui peut charmer les sens : riches couleurs des fleurs, beauté du fruit et suc rafraîchissant, sans oublier l'odeur suave des feuilles.

Son nom primitif, *nanas,* est un mot de la langue des indigènes du Brésil. Dans ce pays, on l'appelle aussi *yayama, boniama, yayagua.* Il paraît que don Gonzale Hermandez de Oviedo, gouverneur de Saint-Domingue, fit connaître ce fruit en 1535 aux botanistes européens. Il fut redécouvert en 1555 par Jean de Léry.

Les Espagnols le nomment *piñas*. C'est sous ce nom que l'ananas est désigné par le Milanais Benzoni dans son *Histoire du Nouveau Monde* (1565, in-4º), qui le déclare « le meilleur fruit de l'univers ».

Son nom actuel lui est donné par Thévet dans *Les singularités de la France antarctique* (1558) et ensuite par Jean de Léry, sus-nommé, dans son *Histoire d'un voyage faict en la terre du Brésil, dite Amérique* (1578).

L'ananas est importé en Angleterre sous Charles II par le jardinier Rose, mais c'est Lenormand, jardinier du palais, qui l'acclimate à Versailles en 1733.

En 1643, les Portugais goûtent l'ananas en confiture, et Louis XV se fait servir les deux premiers fruits poussés sous notre climat. Le prince d'Essling trouve en 1832 un nouveau procédé d'acclimatation.

ANCOLIE : folie

Cette renonculacée, herbacée et vivace, se nomme aussi « gants de Notre-Dame », « cornette », « colombine », « aiglantine ».

Le poète Florent Richomme chante :

> *J'aime à revoir de l'ancolie.*
> *Au mois de juin, la fleur jolie,*
> *Dans l'éclaircie du bois épais,*
> *Quand sa clochette tremble et plie*
> *Au souffle de l'air, et marie*
> *Son bleu sombre au feuillage frais.*

ANÉMONE : abandon

C'était le nom d'une nymphe de la cour de Flore dont la beauté éclipsait celle de ses compagnes. Zéphyr et Borée, tous deux amoureux d'elle, sentirent croître leur haine. Flore changea la charmante Anémone en une belle plante qui fleurit avant le printemps. Abandonnée de Zéphyr, elle est ainsi soumise aux dures caresses de Borée qui, n'ayant pu s'en faire aimer, l'entrouvre, la fane et disperse ses pétales au loin.

ANÉMONE HÉPATIQUE : imprudente confiance

Elle passait jadis pour guérir les maladies du foie... à cause de la couleur des taches brun-foncé de ses feuilles trilobées qui la faisaient ressembler à un beau foie d'homme.

ANÉMONE DES PRÉS : maladie

Cette plante, mêlée au fourrage des bêtes, est souvent cause de leur mort.

ANGÉLIQUE : extase, inspiration

Chez les Lapons, le génie du Mal, couronné d'angélique, électrise leurs lyres et leur inspire de beaux poèmes susceptibles de passer à la postérité.

ANSÉRINE BON HENRI : affabilité

APOCYN : trahison

Cette plante est originaire de Virginie. Son fruit, excellent quand il est cuit, est un poison aussi subtil que violent quand on le mange fraîchement cueilli.

ARISTÉE : vigueur

ARISTÉ : vigueur

La mythologie gréco-latine nous rapporte qu'Aristée était fils de Cyrène et d'Apollon, et qu'amoureux d'Eurydice la nymphe lui préféra son frère Orphée. Il jura de se venger et d'enlever Eurydice le jour de ses noces. Celle-ci implora Minerve, qui la fit périr par la morsure d'un serpent. Les autres nymphes, furieuses de la perte irréparable de leur compagne, tuèrent les abeilles d'Aristée. Celui-ci, ruiné, s'en alla consulter Protée, le devin du village, qui lui conseilla pour apaiser les mânes d'Eurydice de tuer de ses mains quatre taureaux et autant de génisses sauvages. A peine le sacrifice accompli, il sortit des entrailles des bêtes mortes plusieurs essaims d'abeilles. Ce serait en mémoire de cette force peu commune que le nom d'aristée fut donné à la plante.

ARISTOLOCHE : étreinte
Ses branches sarmenteuses étreignent, étouffent d'un épais feuillage toutes les autres plantes du voisinage.

ARMOISE : santé
Plante balsamique dont, à la campagne, les commères ceignent la tête des jeunes enfants pour éloigner d'eux tout air malsain.

ARMOISE AMARELLA : adultère

ARNIQUE ou ARNICA : danger, péril
Plante alpestre dont l'infusion sert à combattre les pernicieux effets des chutes et chocs en montagne. Ainsi l'Éternel a-t-il placé côte à côte le remède et le mal.

ARROCHE SAUVAGE : constante amitié

ASCLÉPIADE : coquetterie
Cette plante, dite aussi « arbre à l'ouate », est garnie d'aigrettes soyeuses qui voltigent gracieusement sur toutes les fleurs des environs. Avec ces aigrettes, on fait une manière d'ouate dont on garnit les bercelets d'enfant. Afin de recueillir ce duvet naturel, on entoure la plante d'une fine gaze qui lui donne un air de coquetterie.

ASPHODÈLE : regret
Les anciens Grecs supposaient que les âmes des défunts en admiraient les fleurs blanchâtres et qu'elles se nourrissaient de sa racine.

ASTER A GRANDES FLEURS : arrière-pensées

ASTER DE CHINE : splendeur
Cette plante *(aster sinensis)* est plus connue sous le nom de « reine-marguerite ».

ASTRAGALE : bienfait caché
Ses fleurs fournissent la gomme adragante, jadis employée en médecine et à l'usage de la cuisine.

ASTRAME : dissimulation

AUBÉPINE : prudence, espérance
Cette magnifique plante, dont la floraison annonce la fin de l'hiver, avait chez les Romains le pouvoir étrange de combattre les maléfices. Il était d'usage un jour d'hyménée d'en décorer les maisons et d'en offrir à la fiancée une pleine corbeille. En quelques provinces de notre ancienne France, il était coutume d'attacher un bouquet d'aubépine à la berce d'un nouveau-né.

AVELINIER : douceur enfantine

AVOINE : échauffement, mais aussi bonté du ciel
Une vieille chanson française conte l'avoine d'une jolie façon

EN CHŒUR
Avoine, avoine, avoine,
Que le bon Dieu t'amène.

Qui veut savoir
Et qui veut voir
Comment on sème l'avoine ?
Mon pèr' la semait ainsi.

Une des jeunes filles de la ronde fait le geste de semer, que les autres imitent : ensuite elle se croise les bras en ajoutant :

Puis il se reposait ainsi.

CHŒUR

Avoine, avoine, avoine
Que le bon Dieu t'amène
  Qui veut savoir
  Et qui veut voir
Comment on coupe l'avoine ?
Mon pèr' la coupait ainsi,
   Puis il se reposait ainsi.

CHŒUR

Avoine, avoine, avoine,
Que le bon Dieu t'amène.
  Qui veut savoir
  Et qui veut voir
Comment on doit battre l'avoine ?
Mon pèr' la battait ainsi,
   Puis il se reposait ainsi.

CHŒUR

Avoine, avoine, avoine,
Que le bon Dieu t'amène.
  Qui veut savoir
  Et qui veut voir
Comment on vanne l'avoine ?
Mon pèr' la vannait ainsi.
    Puis il se reposait ainsi.

CHŒUR

Avoine, avoine, avoine,
Que le bon Dieu t'amène.

On imite ainsi toutes les opérations de la moisson ; puis on termine en disant : « Mon père la mangeait ainsi. »

AZEROLIER : désirs
On dit aussi « épine d'Espagne ».

BAGUENAUDIER : amusement frivole
On rapprochera ce nom de plante du verbe pronominal « se baguenauder », qui a sens de se promener par désœuvrement.

BALISIER ou CANNA : liaison amicale passagère
La tige de cette belle plante vivace se fane au moindre vent.

BALSAMINE : impatience
On distingue la balsamine violette (caractère impatient), la balsamine blanche (pureté de sentiment) et la balsamine rouge (ardeur dans l'action).

BARDANE : importunité
Sa croissance excessive et naturelle étouffe toute autre végétation. Ses calices desséchés se détachent d'eux-mêmes et se fixent aux toisons des bêtes et aux vêtements. On les appelle des teignes bien importunes.

BASILIC : pauvreté
Les Anciens symbolisaient la misère par une

femme en haillons contemplant un pot de basilic.

BASILIC D'EAU : importunité

BAUME : guérison
Ce nom désigne différentes espèces de menthes, l'origan et quelques autres plants de la famille des labiées. On les mettait à macérer dans de l'huile, à laquelle elles communiquaient leurs vertus.

BÉGONIA : amour tranquille
Plante dédiée en 1690 à Michel Bégon (Blois, 1638-1710), gouverneur français de Saint-Domingue — d'où son nom !

Belles de Nuit

BELLE DE JOUR : coquetterie
Ce convolvulus épanouit sous les rayons du

soleil sa brillante corolle d'azur au cœur d'or. Il se ferme quand tombe la vesprée et laisse sa petite sœur plus effacée, la « belle de nuit » *(mirabilis)*, jouir de ses mérites qui ne sont pas moindres, puisque les symbologues lui attribuent « l'alarme d'un cœur sensible ».

BELVÉDÈRE : déclaration de guerre
Rosacée connue également sous le nom de « belle-à-voir ».

BÉTOINE : brusquerie
Quand les épileptiques en touchent les fleurs, leurs mouvements en deviennent plus saccadés, brusques, presque brutaux.

BLÉ : abondance
Cérès enseigna au roi d'Eleusis Triptomène la manière d'ensemencer la terre, et lui montra qu'un épi de blé, un seul épi pouvait en produire jusqu'à cent vingt et plus. Ce précieux présent devint alors la principale source de richesses de ce petit monarque... mythique.

BOGRANE : mépris du danger
Plus connue à la cambrousse sous le vocable d'« arrêt-bœuf », ses longues racines souvent arrêtent le soc de la charrue dans les pays où le bœuf remplace le cheval.

BOULE DE NEIGE : fatigue
Cette « rose de Gueldre » est une espèce de

viorne obier dont les fleurs penchées sur leurs tiges s'effeuillent à peine ouvertes, comme si elles étaient déjà fatiguées de vivre. Dans quelques livres anciens, cette fleur signifie aussi "bonne nouvelle". Charlotte de La Tour, au siècle dernier, rapportait cette légende suisse :
Une jeune fille, à peine âgée de quinze ans, venait de mourir. Son âme errait autour de sa demeure. Elle ne pouvait se décider à quitter, même pour le ciel, les champs qu'elle avait tant aimés. Tout à coup son ange gardien lui apparaît ; heureux de combler ses désirs, il lui demande en quelle fleur elle veut être transformée : « Vois, lui dit-il, tu habiteras le jardin ou la prairie ! » Et, passant en revue toutes les fleurs de la contrée : « Veux-tu être tulipe ? — Non, lui dit-elle, car la tulipe est sans parfum. Un brillant camélia ? — Non, non, reprit soudain la jeune fille ; et, s'il m'était permis de choisir, je voudrais être rose de Gueldre. — Quoi ! dit l'ange étonné, tu veux fleurir quand toute la nature est morte ! Crains les vents glacés et l'hiver, ils te frapperont et tu mourras sans avoir connu les caresses du zéphyr ! — Soit, dit la jeune fille, je ne vivrai qu'un jour, mais dans ce jour j'annoncerai le printemps ! »

BOURRACHE : changement
Les boutons d'une belle couleur purpurine, sur le point de s'épanouir, passent sous l'effet de la lumière du jour à un bel azur.

BRISE TREMBLANTE : frivolité

Cette graminée se nomme aussi « amourette ». Un amusement de jeune fille d'autrefois consistait à cueillir ces tiges légères couronnées d'épillets et à les laisser flotter au moindre souffle du zéphyr.

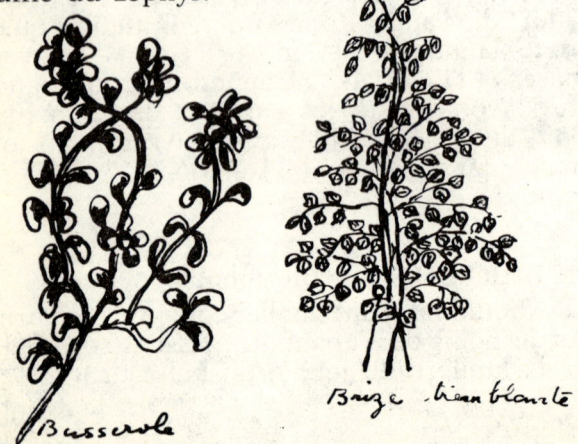

BRUNELLE : plaisirs sylvestres

BRUYÈRE : solitude
Elle pousse souvent en des lieux désolés.

BUGLOSSE : tromperie
Elle est connue aussi sous le nom de « langue de bœuf ».

BUIS : stoïcisme

BUTOME EN OMBELLE : vous m'attirez
Ainsi nomme-t-on le « jonc fleuri ».

C

CAMARA PIQUANT : rigueur

Camellia

CAMÉLIA : modeste talent récompensé ou reconnu

On écrit aussi « camellia ». Arbrisseau dans nos pays, arbre au Japon d'où il est originaire, ce végétal a été importé en Europe par le père Georges-Joseph Camelli (ou Kamel) en 1739.

CAMELINE : reconnaissance
On croit que les anciens Pictes usaient de sa racine pour peindre le corps en bleu.

CAMOMILLE : calme

CAMOMILLE ROMAINE : amitié

CAMPANULE : surveillance
Allusion à la « petite cloche » (latin *campanula*) qui pend, en quelques pays, au cou des vaches, chèvres, béliers et chiens de berger chargés de conduire ou surveiller le troupeau.

CAMPANULE MIROIR-DE-VÉNUS : attraits, charmes
Au centre de la fleur se trouve un disque jaune et brillant qui a été comparé à un miroir. Quand Vénus allait retrouver Adonis, elle se mirait dedans pour constater son inaltérable beauté.

CAPILLAIRE : discrétion
Fougère fort usitée en médecine, et qui croît dans les lieux retirés à l'ombre des vieux murs.

CAPUCINE : feu d'amour
Au moment des grandes chaleurs, au début d'une belle soirée d'orage, cette belle fleur laisse échapper spontanément des sortes de jets lumineux qui ressemblent à des éclairs. L'espèce connue sous le vocable de « souciponceau » a été importée du Pérou en 1684, et

le premier bouquet en fut offert par le roi Louis XIV à madame de Maintenon.

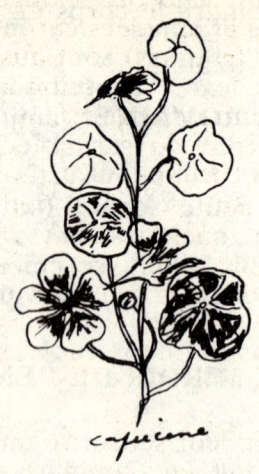

capucine

CARDÈRE : utilité
On la nomme aussi « chardon à foulon ».

CARLINE : solitude
Petite plante des paysages alpestres dont la corolle large comme un artichaut fait le régal du chamois.

CAROUBIER : richesse
Le caroubier ou figuier d'Égypte *(ceratonia siliqua)* est un arbre appartenant à la famille des césalpiniées et croissant sur le pourtour de la Méditerranée et en Afrique du Nord, jusqu'aux lisières du Sahara ; il est aussi largement cultivé en Crète.

Le caroubier porte des feuilles coriaces, persistantes, ainsi que des gousses pendantes, aplaties, d'un brun chocolat, longues de 15 à 25 centimètres et appelées caroubes ou carouges. Ces fruits (gousses) sont aussi dénommés « pain de saint Jean » car, selon la Bible, ce fut la seule nourriture de saint Jean Baptiste dans le désert. Le fruit du caroubier contient des graines ovales, brunes, très dures, dans une pulpe sucrée. Autrefois, les graines du caroubier, appelées « kharruban » en arabe, servaient d'unité de poids pour l'or et les bijoux et c'est peut-être de leur nom que viendrait notre carat. Cette unité, le carat métrique, pesant 0,2 gramme, sert encore de nos jours d'étalon aux joailliers.

CENTAURÉE BLEUET : délicatesse
On la nomme aussi « barbeau », « bluet », « aubifoin ».

CENTAURÉE (PETITE) : félicité
Cette « chicorée à petites fleurs roses » est, en Orient, la fleur des amoureux qu'on envoie à l'aimée pour lui demander un sempiternel bonheur... quasi inaccessible aux malheureux mortels.
Aux jours de grandes fêtes en certaines de nos campagnes, il était d'usage que les jeunes filles allassent offrir un bouquet de petite centaurée au plus riche propriétaire de l'endroit.
La mythologie gréco-latine nous conte la belle histoire de cette jolie fleur : Saturne fut aimé de Philyre, nymphe de l'Océan ; ils en eurent un fils, qui naquit avec la tête, les bras et le

buste d'un homme mais avec le torse d'un cheval ; ce fut le centaure Chiron. Sa mère, atterrée, chassa le monstre qui, vivant dans la montagne, devint savant médecin de par la connaissance des simples. Et pourtant sa science fut impuissante à guérir sa fille Chironie, qui mourut bientôt d'un mal dont on ne saurait vraiment guérir : l'amour.

CARTHAME : charme du monde/utilité
On le nomme également « safran bâtard » ou « fraine de perroquet ».

CERISIER : bonne éducation
Il fut introduit à Rome vers 680 av. J.-C. par le préteur et gastronome Lucullus, qui le rapporta d'Asie mineure.

CHARME : ornement
Sous le règne de Louis XIV, le charme devint à la mode et André Le Nôtre (1613-1700) en orna le parc de Versailles pour ombrager sous des rideaux de verdure les longues allées où il fait si bon se promener le soir.

CHAMPIGNON : soupçon
Il faut s'en méfier. Les plus beaux sont souvent les plus dangereux.

CHANVRE : folie

CHATAIGNIER
1 : rendez-moi justice !
Dans une partie du haut Moyen Age, il était

coutume de rendre la justice sous l'épais feuillage du marronnier. Le seigneur du lieu montait sur une manière de trône, ses gens alentour, et les manants, aubains et colons pouvaient exposer sans ambages leurs plaintes, griefs et suggestions.

2 : prévoyance
Dans certaines contrées du Massif central, de l'Auvergne et du Limousin, châtaignes et marrons sont la providence des pauvres gens, qui les recueillent en saison pour s'en nourrir l'hiver à peu de frais.

CHÉLIDOINE : clarté, luminosité
Connue autrefois sous le nom de « grande-éclaire », elle passait pour fortifier la vue.

CHÊNE : hospitalité
Cet arbre est consacré à Jupiter, dieu des voyageurs.
Les Anciens croyaient que le chêne, né avec la Terre, avait offert aux premiers hommes la nourriture et l'abri, aussi fut-il de tout temps en vénération parmi les peuples. Ce qui est vrai, c'est que le chêne produit les glands, dont quelques espèces ont offert de tout temps aux hommes une ressource assurée contre la disette.
Cet arbre est à bon droit l'emblème de l'hospitalité, quel plus agréable ombrage peut observer le voyageur pour se livrer au repos ?

L'historien Adolphe Thiers raconte : « Ah ! disait un jour Napoléon à Sainte-Hélène, à un de ses compagnons, M. de Las Cases, que ne sommes-nous libres au bord de l'Ohio ou du Mississippi, entourés de nos familles et de quelques amis... Sentez-vous quel plaisir nous aurions à parcourir sans fin et de toute la vitesse de nos chevaux ces vastes forêts d'Amérique. Mais ici, sur ce rocher, c'est à peine s'il y a de quoi faire un temps de galop, je ne puis que tourner dans mon cercle d'enfer. Puis, rentrant au moment où les rayons du soleil tropical brûlaient son front, il se réfugiait sous la tente que lui avait fait dresser sir Malcolm ; mais, sous cette ombre sans charme, un *chêne ! un chêne !* s'écriait-il, et il demandait avec passion qu'on lui rendît le feuillage de ce bel arbre de France. »

CHÈVREFEUILLE : liens d'amour
Il enlace amoureusement de ses tiges étirées les troncs du charme, du chêne et de l'orme. Alexandre Dumas fils termine ainsi un long poème à la gloire de la « fleur de miel » – ainsi a-t-on nommé le chèvrefeuille :

> *Suivez donc ce double mystère,*
> *Cueillez la double fleur de miel.*
> *Amour ! c'est la fleur de la terre,*
> *Prière ! c'est la fleur du ciel.*

CHICORÉE : frugalité
Cette excellente plante potagère pousse dans les plus arides endroits, qu'elle égaie de ses belles fleurs bleues.

CHIENDENT : persévérance

La plante est excessivement tenace, et il s'avère bien difficile de l'extirper d'un terrain.
Les Romains décernaient une couronne de chiendent aux guerriers qui avaient soutenu ou fait lever un siège.

CHOU : profit

Les Romains cultivaient largement ce légume, et les Allemands en faisaient grand commerce.
Le chou était la nourriture de base du paysan français avant le règne de la pomme de terre. On lira, avec grand profit, le *Dictionnaire du gai parler* (mêmes auteurs, même éditeur) pour découvrir les expressions françaises qui s'y rapportent.

CHRYSANTHÈME DES PRÉS : m'aimez-vous ?
C'est la plus grande des marguerites des prés, dont la jeune fille rêveuse interroge les pétales en les effeuillant, espérant un peu connaître les secrets arcanes du destin.

CHRYSOCOME LYNGSYRIS : vous faites attendre

CIGUË : trahison
Cette herbe ressemble étrangement au persil, avec lequel on risque de la confondre si on n'y prend garde. C'est un violent poison quant à l'effet ; il produit un engourdissement progressif à qui l'ingère ; Socrate fut condamné à périr par la ciguë. Ainsi les Athéniens, par folie d'orgueil, tuèrent-ils un sage.

CIRCÉE : sortilège
Chez les Anciens, cette plante était bien connue et fort employée pour les évocations magiques, parce que son infusion est enivrante.
On raconte que Circé était fille du Jour et de la Nuit. Chassée de son pays pour avoir empoisonné son mari, elle se réfugia dans l'île d'Oca pour y cultiver des plantes entrant dans la composition des philtres. Ulysse aborda son île ; elle essaya de le retenir mais, n'y pouvant parvenir, elle changea ses compagnons en pourceaux. Minerve veillait sur le roi d'Ithaque et l'aida à s'enfuir.

CISTE : jalousie
Cette fleur à cinq pétales ressemble un peu à

une petite corbeille. Or, chez les anciens Grecs, cet objet porte le nom de ciste. Ses étamines s'agitent souvent sans raison apparente, telle la jalousie.

CITRONNELLE : douleur
Quand ils suivaient un enterrement, les habitants du duché de Holstein portaient à la main, ou bien à la boutonnière, une branche de citronnelle, qui est une espèce d'armoise. Et en Inde, quand les veuves allaient se faire rôtir après le trépas de leur époux, un brahmane leur remettait une branche de cette plante au moment de monter sur le bûcher.

CITRONNIER : désir de correspondre

CITROUILLE : grosseur

CLANDESTINE : amour caché
Cette plante parasite, aux jolies fleurs pourpres, se blottit sous les mousses au pied des arbres, dans les contrées humides et froides de la France.

CLÉMATITE : artifice
Le jus de la clématite des haies sert aux mendiants et francs-mitoux à simuler des plaies pour apitoyer la crédulité du badaudois compatissant.

COCA : suprême bienfait
Parmi les hautes savanes d'Amérique, l'indigène qui doit mener une longue course prend soin d'emporter dans un petit sac des boulet-

tes de feuilles de coca écrasées, dont il se « nourrira » dans un pays où la nourriture sauvage n'abonde pas. Par ce moyen, il conservera son énergie et ses forces pour atteindre le but de son voyage.

COLCHIQUE : mes beaux jours ont passé
Cette belle fleur lilas rosé, qui est un poison violent pour les bestiaux, est, en automne, la dernière qui pare nos prairies.

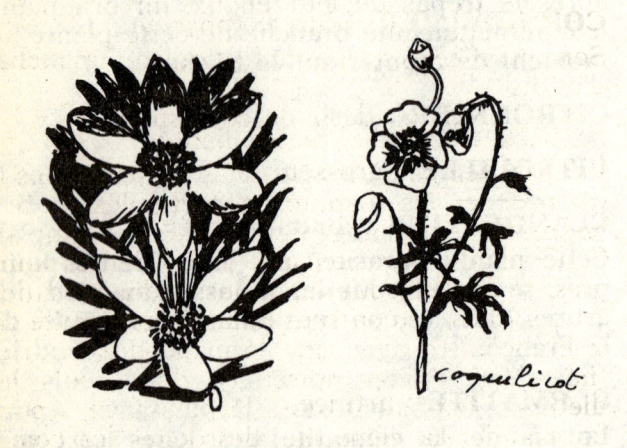

COQUELICOT : reconnaissance
Cette habitante privilégiée des champs de blé se fane à peine coupée.

Tendre fleur, qu'en fuyant chaque minute effeuille,
Qui brille pour mourir dans la main qui te
cueille.

COQUERET : erreur
On dit aussi « alkékenge ».

CORALLINE : juste prévision
C'est une algue rouge de la famille des floridées cryptonémiacées.

CORIANDRE : mérite caché
Cette plante de peu d'apparence se couvre de petites ombrelles blanches, bientôt remplacées par des graines spécifiquement aromatiques.

CORNOUILLER : dureté (physique)
Son bois sert à la confection de manches d'outils.

COUDRIER : paix, réconciliation
Il fut un temps où les hommes vivaient dans la discorde et les disputes perpétuelles (cela a heureusement changé depuis !). En ce temps-là donc, les dieux eurent un jour pitié des hommes. Apollon et Mercure descendirent sur la Terre, l'un avec sa lyre faite d'une écaille de tortue, l'autre avec une branche de coudrier (notre bon vieux noisetier), dont seuls les dieux connaissaient alors la puissance, « pour faire aimer la vertu et rapprocher les cœurs divisés par la haine et l'envie ». Ainsi armés, les fils de Jupiter allèrent vers les hommes. Mercure les toucha de sa branche de coudrier et ils découvrirent le langage. Ce fut à cet instant que deux serpents qui se battaient s'enroulèrent autour de la branche. Mercure les calma, et cela devint l'image du caducée. On prétend par ailleurs que c'est avec une

baguette de coudrier que Moïse frappa le rocher d'où il fit jaillir l'eau pour abreuver les Hébreux. C'est de là que date la réputation (non usurpée) du coudrier pour découvrir les sources... A condition toutefois de la cueillir à minuit plein dans la nuit de la Saint-Jean (24 juin), pour qu'elle conserve toutes ses vertus.

CRAPAUDINE : artifice

CRESSON : promenade

CUPIDONE BLEUE : vous inspirez l'amour
Les jeunes garçons qui voulaient se faire aimer chez les Grecs allaient déposer au pied de la statue de l'Amour des bouquets de cupidone.

CUSCUTE : ingratitude, bassesse
Plante parasite qui entortille sa tige filiforme autour d'une plante dont elle se nourrit, souvent à ses dépens, car il arrive que la plante-support en meure.

CYCLAMEN : amour charnel
Cyclamen Napolitanum. Au village d'Allonzier-la-Caille (Savoie), sur la petite montagne de Montmin, à l'est, au pied d'un rocher, pousse cette espèce de cyclamen, unique en France.

CYPRÈS : mort, deuil, douleur, tristesse
Cet arbuste orne nos cimetières. Déjà chez les Romains ses branches enveloppaient les cadavres et servaient aux bûchers où les corps étaient brûlés.

Jadis, en Provence, lorsque la construction d'un mas s'achevait, on plantait deux cyprès devant la maison. Le tronc de l'un d'eux était destiné — un siècle plus tard ! — à remplacer la poutre maîtresse du mas. Le second tronc servait en cas de malformation du premier.

CYTISE FAUX-ÉBÉNIER : noirceur

DAHLIA : reconnaissance

Importé du Mexique en France l'an 1802 (ou 1791, selon d'autres auteurs), le dahlia fut d'abord cultivé pour les mérites alimentaires de sa racine, mais bien vite il passa du potager au jardin, pour le plus grand bonheur de nos yeux.
En bouquet, il signifie : ma reconnaissance surpasse vos soins.

DAPHNÉ MEZEREUM : caractère contrariant
La plante est dite également « bois joli », « bois gentil », « mezereon ».

DATURA : charmes trompeurs
C'est avec une sorte de datura que la pythie de Delphes confectionnait le breuvage qui lui procurait cet état second nécessaire à la prophétie. Quant aux Mexicains, ils font de son fruit une boisson qui s'avère stupéfiante, excitant un furieux délire.

DATURA FASTUEUX : éternité
On le nomme aussi « trompette du Jugement

dernier », à cause de son immense corolle dont la forme rappelle les trompettes embouchées par les anges dans les peintures de la Renaissance.

DAUPHINELLE : légèreté
On l'appelle ainsi parce que sa fleur ressemble au dauphin héraldique. On la nomme aussi « pied-d'alouette » parce que l'enveloppe de la graine présente quelque analogie de forme avec l'articulation du pied de cet oiseau.

DENTELAIRE : causticité
Cette plante à fleurs bleues renferme un corps gras connu en France sous le nom commercial de plombagine, dont on fait des mines de crayon, mais qui possède également une très énergique vertu caustique, dont on usait jadis contre les maux de dents.

DIGITALE POURPRE : consolation
On en utilise le principe actif, la digitaline, contre les maladies cardiaques.

DIONÉE : inutile cruauté
Plante carnivore qui emprunte son nom à Vénus, parce que les plaques arrondies qui terminent ses feuilles ont la forme du coquillage dit « Vénus ». Ces plaques sont couvertes de poils rudes qui exsudent une liqueur sucrée, et les malheureuses bestioles ailées qui veulent y goûter se font écraser sous la charnière qui se referme sur elles.

DORADILLE : finesse
Vendue sous le vocable de « capillaire », cette fougère du genre « saplenium » possède des feuilles finement découpées.

DORONIC : éclat
La fleur est d'un jaune d'or éclatant. La plante, stimulante, est utilisée en médecine contre la paralysie et les rhumatismes.

DRACOCÉPHALE : obéissance passive
Certaine variété de cette belle fleur d'un bleu violacé, quand on la manipule contre nature, semble frappée de catalepsie.

DRAGONNIER : défense
Très à la mode à la fin du siècle dernier, le dracoenum, dont on connaît bien aujourd'hui quelque quarante espèces, voit ses rameaux couronnés par une touffe de feuilles en forme d'épées épineuses.

DRYADE : solitude
Grande fleur solitaire qui ressemble à la rose blanche et qu'on trouve parfois dans les lieux inaccessibles. Les dryades étaient, dans la mythologie gréco-latine, des nymphes qui affectionnaient, en fuyant la compagnie des hommes, l'ombrage des vieux chênes.

E

ÉBÉNIER : noirceur

ECHINOPS : qui s'y frotte s'y pique
On le nomme aussi « boule azurée » ; c'est une manière de gros chardon dont chacun des fleurons est défendu par de fortes épines.

EDELWEISS : pureté divine
Cette fleur de haute altitude porte un nom allemand qui lui fut donné à la fin du XIXe siècle. Auparavant, les montagnards la connaissaient sous les appellations de « immortelle des neiges » ou de « pied de lion ». Son langage symbolique s'explique par le fait que plus elle pousse en haute montagne plus sa blancheur est éclatante.
Le poète Pinkerton s'interrogeait dans les années 20 à propos de l'edelweiss :

Comment ne meurt-elle pas de froid,
Là-haut dans sa petite robe de peluche grise ?

ÉGLANTIER : poésie
Les *jeux floraux* ont été institués quelque 230 ans av. J.-C. en l'honneur de la déesse

Flore. Les troubadours médiévaux les relancèrent en 1323, fondant le « Collège de la Gaye Science » pour encourager la poésie. Clémence Isaure, noble dame de Toulouse, appela auprès d'elle, l'an 1490, les poètes de tous les pays ; une églantine d'or ou d'argent récompensait les meilleures pièces. En 1695, la société devint l'« Académie des Jeux Floraux », telle qu'elle est encore connue de nos jours, après les remaniements de la fin du XIXe siècle.

ELLÉBORE : folie
Chez les Anciens déjà, on la préconise comme remède souverain contre les aberrations de l'esprit. La « rose de Noël », poison violent, est la fleur de l'ellébore noire.

ÉPERVIÈRE : je surveille
Cette plante, autrement connue sous le nom scientifique de « hieracium », pousse sur le haut des murailles ou des ruines, et cette façon de se percher, comme l'épervier, lui a donné et son nom et son sens.

ÉPHÉMÉRINE DE VIRGINIE : bonheur fragile parce que de courte durée

ÉPILOBE A ÉPI : unissons-nous
Cette plante sylvestre de un mètre de haut croît en famille de plusieurs pieds sur un espace restreint.

ÉPINE-VINETTE : aigreur
Son fruit fort acide sert à la confection de confitures qu'il faut beaucoup sucrer et qui,

malgré cette utile précaution, conservent toujours une saveur acidulée.

ÉRABLE : économie, précaution, réserve

EUPATOIRE : amour paternel
La plante est dédiée à Mithridate Eupator, roi du Pont, qui a eu, de son temps, réputation de « bon père ».

EUPHORBE RÉVEILLE-MATIN : j'ai perdu le sommeil
Son suc épais, émétique et purgatif, est un poison violent. Se frotter les yeux avec une euphorbe fraîchement cueillie enflamme la paupière, et la démangeaison ainsi produite empêche de dormir.

EURYALE : amitié à toute épreuve
Virgile, dans l'*Enéide*, nous rapporte l'épisode de ces jeunes gens, Nisus et Euryale, qui, Troyens tous deux, pénétrèrent dans le camp ennemi et, surpris, pour se sauver mutuellement, y périssent.

Eucalyptus

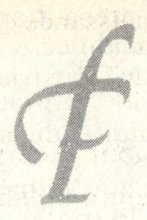

FENOUIL : force

FÉRULE : correction physique, punition corporelle
La tige de cette ombellifère dicotylédone, herbacée et vivace, servait à frapper les écoliers jugés fautifs.

FEUILLES MORTES : mélancolie, morosité
Elles annoncent le dépouillement des arbres et la fin de l'automne.

FEUILLES VERTES : espérance

FICOÏDE ÉCLATANTE : vous brillez entre plusieurs
Cette fleur, originaire du cap de Bonne-Espérance, épanouit au soleil ses rosettes blanches ou rose pourpre.

FICOÏDE GLACIALÈ : votre sourire me glace
Recouverte en son entier de petites vésicules cristallines, la plante semble entourée de glaçons, et son éclat est d'autant plus vif que le soleil est ardent.

FIGUIER : reconnaissance

FLOUVE ODORANTE : tristesse

FOUGÈRE : limpidité de sentiment / franchise
Ses cendres servaient à la fabrication du verre dès la plus haute antiquité ; elle était vouée à Bacchus, dieu du vin.

FRAGON : irascibilité
On le nomme aussi « petit houx », « frelon », « buis piquant », « myrte épineux », « épine de rat ».

FRAISE : excellente bonté
C'est le Bon Dieu qui l'a fait naître pour nourrir le pauvre à peu de frais, et c'est l'infinie bonté du Seigneur que chante Théophile Gautier :

*Dans l'herbe pour que tu la cueilles,
Il met la fraise au teint vermeil !*

FRAXINELLE : je brûle d'amour
Originaire du Sud de la France, ses feuilles ressemblent à celles du frêne (latin *fraxinus*).

FRÊNE : grandeur
C'est, avec le peuplier, l'un des plus hauts arbres de nos régions tempérées.
Un dicton de nos campagnes affirme : « Dessous le frêne, venin ne règne. » C'est qu'on croyait jadis que l'ombrage de cet arbre magnifique était funeste aux serpents.

FRITILLAIRE : majesté
Cette magnifique liliacée est dite aussi « couronne impériale » ; l'espèce appelée « damier » a la forme d'un cornet à jouer (latin *fritilla*).

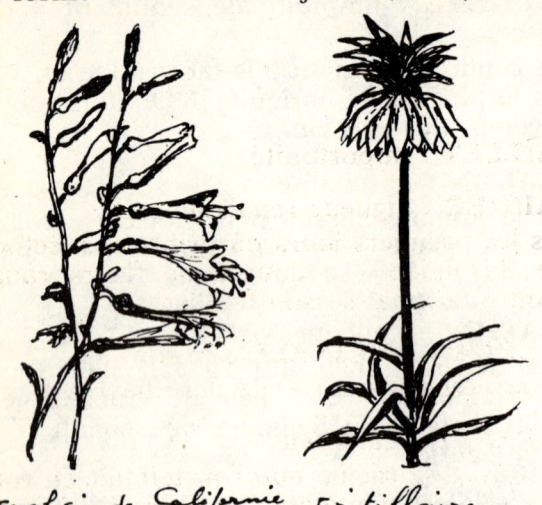

Fuchsia de Californie Fritillaire

FUCHSIA : gentillesse, grâce légère

FUCUS : instabilité

FUMETERRE OFFICINAL : amertume
Cette plante dégage un certain goût de fumée, d'où son nom.

FUSAIN : vos charmes ont laissé quelque trace dans mon esprit et dans mon cœur

GAILLET : importunité

GAINIER : vigueur renaissante
Dès les premiers jours du printemps, cet « arbre de Judée » se couvre de fleurs rouges, avant que renaisse son feuillage.

GALÉGA OFFICINALE : raison
On la nomme aussi « rue des chèvres ».

GARANCE : calomnie
C'est avec sa racine que l'on teintait en rouge garance les pantalons de l'armée jusqu'en 1915. Ce rouge violent fut la cause de la mort de nombreux soldats trop visibles. L'industrie de la garance était très florissante dans le département du Gard. D'où son nom.

GATTILIER : célibat
Cet « arbre à poivre », autrement nommé « agnus-castus », passait au temps des anciens Grecs pour calmer les ardeurs érotiques. Les femmes, durant les fêtes consacrées à Cérès, se faisaient une litière de leurs rameaux. *Agnos* en grec a le même sens que le latin *castus* ; il signifie calme.

GAZON : utilité

GENÊT : propreté
Ses tiges, souples, servent notamment à la confection de balais.

GENÉVRIER : secours - asile
Les Romains utilisaient le bois de cet arbuste aux fruits parfumés pour éloigner les esprits infernaux. En brûlant, il dégage une odeur comparable à l'encens. De même, ses baies jetées au feu éloignaient les esprits mauvais. Cette croyance subsiste dans nos campagnes, où l'on utilise des grains de genièvre pour purifier l'air.
C'est dans ses branches que se réfugie le lièvre pourchassé par les chiens, dont le flair sera mis en défaut par cet abri odorant. La grive y fait son nid et s'y engraisse.

GENIÈVRE (baie de) : mon cœur saigne

GENTIANE JAUNE : je suis tout à vous

GÉRANIUM ÉCARLATE : sottise

GÉRANIUM ROBERTIN : je puis parler
Cette « herbe à Robert » est utilisée avec quelque succès contre les maux de gorge, les laryngites et les extinctions de voix.

GERMANDRÉE : plus je vous vois, plus je vous aime

GESSE ODORANTE : délicate jouissance
On la nomme aussi, plus communément, « pois de senteur ».

GIROFLÉE blanche : candeur

GIROFLÉE de mahon : promptitude

GIROFLÉE des murailles : fidélité dans le malheur
On l'appelle aussi « heiri » ou « violier » ; sa fleur est d'une suave odeur.

GIROFLÉE des jardins : beauté durable

GIROFLÉE double : amour-propre

GIROFLÉE jaune : préférence

GIROFLÉE rouge : dépit

GIROFLÉE violette : sociabilité

GIROFLIER : dignités
Arbrisseau originaire des îles Moluques, mais

déjà connu des Grecs et des Romains. Pierre Poivre (1719-1786), intendant des îles de France pour le roi, chargea l'officier de marine Etcheverry d'aller chercher des pieds de giroflier. Il en retira de l'île de Guerby malgré la présence des Hollandais, qui le poursuivirent avec cinq vaisseaux armés en guerre.

GLAÏEUL : provocation
Son nom latin, *gladiolus* (en forme de glaive), lui a donné sa signification symbolique.

Gloxinia -

GLYCINE : précieuse amitié
Au Japon et en Chine, cette plante a été l'inspiratrice des poètes.

GONET COMMUN : ardeur

GONET GOBE-MOUCHES : piège

GRACIOLE : dangereux médicament
On la nomme populairement « herbe au pau-

vre homme », car on l'emploie à purger les petites gens.

GREMIL : parure simple

L'« herbe aux perles » sert à faire des colliers auxquels ont été attribuées des vertus médicinales.

GRENADE : indiscrétion

La mythologie nous rapporte que Proserpine, fille de Cérès, enlevée par Pluton, roi des Enfers, pour en faire la reine de son infernal empire, sut attrister sa mère jusqu'à ce qu'elle implorât Jupiter de la rendre à la lumière des vivants. Jupiter y consentit sous condition que Proserpine n'aurait rien mangé durant son séjour chez les morts. Or la jeune fille, ayant trouvé une grenade, en mangea sept grains, et ce fait fut rapporté par Ascalaphe. Cérès remonta donc seule sur Terre. Aussi, pour punir l'indiscret, le changea-t-elle en hibou.

GRENADIER (branche feuillue sans fruit ni fleur) : duplicité

Les Romains le tirèrent du pays carthaginois, et le nommèrent « pommier punique » *(malum punicum)*.

GRENADIER (fleur) : fatuité

D'un rouge vermillon des plus vifs, sa fleur ne dégage aucune odeur ; toute sa vertu tient à son apparence.

GRENADILLE : culte, religion, dogme, croyance

La « passiflore » ou « fleur de la Passion » possède une conformation telle que les chrétiens ont cru découvrir dans ses organes centraux les instruments de la Passion du Christ.

GROSEILLIER : je vis heureux partout ; je m'acclimate

GUI : je vaincs tous les obstacles.

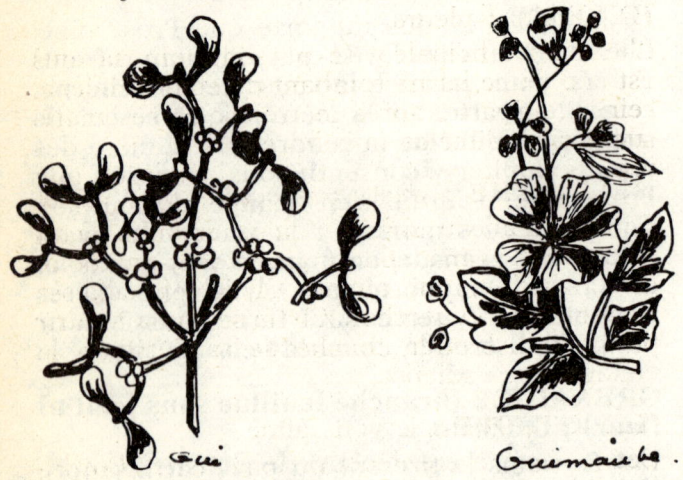

GUIMAUVE : bienfaisance

GUITARIN : mélodie

GYROSELLE : vous êtes ma divinité

H

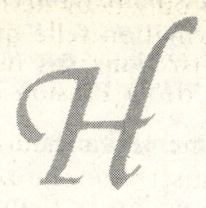

HÉLÉNIE : pleurs
L'« aunée officinale » (c'est son nom savant) est née d'une larme tombant de l'œil d'Hélène, reine de Sparte, après le trépas de ses maris successifs, Ménélas puis Pâris.

HÉLIANTHE : c'est vous seul(e) que j'aime
Cette « fleur du soleil », qu'on nomme aussi « tournesol », tire son origine de la mythologie : Apollon, qui aimait Clytie, la délaissa bientôt pour Leucothoé. Clytie se laissa mourir de faim et Jupiter, touché de sa détresse, la changea en « soleil ».

HÉLIOTROPE : je vous aime
Cette plante a été découverte dans les Cordillères du Pérou en 1740 par Joseph de Jussieu. Chez les Incas, les jeunes filles l'offrent à qui elles veulent témoigner leur amour.

HÉMÉROCALLE : je persévère

HÊTRE : prospérité
De croissance rapide, cet arbre, dont le bois donne une flamme pétillante, symbolise aussi la joie et le bonheur.

Souvent en mon foyer champêtre,
Je me fais un utile jeu
De voir consumer par le feu
Le tronc vénérable d'un hêtre.

HIBISCUS : ornementation
On le nomme aussi « ketmie resplendissante » pour l'éclat de ses larges fleurs rouges.

HORTENSIA : gloire oubliée
Découverte au Japon par Philibert Commerson (1727-1773), elle fut rapportée dans le jardin de Kew en 1790. On la nommait alors « hydrangée ». On en fit l'espèce « hydrangea hortensis », avant d'en faire « lepautia », un vocable de genre, en l'honneur du célèbre horloger Lepaute, dont l'épouse se prénommait... Hortense.

HOUBLON : injustice

HOUX : résistance
Il résiste aux rigueurs des frimas.

Hellébore

IF : deuil
Les Anciens croyaient que ceux qui s'endormaient sous son ombrage ne se réveillaient pas. Mais ce qu'il y a de certain, c'est que son voisinage est néfaste aux plantes et qu'il peut causer de violents maux de tête.

IMMORTELLE : toujours, à jamais
Elle garde ses couleurs malgré le temps. L'immortelle, bien moins belle que la rose, doit lui être préférée, car elle dure toujours, tandis que l'autre passe.
Alexandre Dumas la célèbre ainsi :

> *L'amour est cette fleur si belle*
> *Dont Zéphyr ouvre les boutons.*
> *Mais l'amitié, c'est l'immortelle*
> *Que l'on cueille en toute saison.*

IRIS : nouvelles heureuses
La fleur d'iris est dite, pour sa forme gracile qui supporte toutes les nuances de l'arc-en-ciel, « messagère des dieux ». Fille de Thaumas et petite-fille de la Terre, elle devient bientôt

la favorite de la déesse Junon, à qui elle n'apportait que de bonnes nouvelles. Pour la récompenser, on la changea en arc-en-ciel pour annoncer aux hommes, après la pluie, le beau temps.
Le délicieux Francis Jammes (1868-1938) évoque ainsi cette fleur :

> *Je m'embête. Cueillez-moi des jeunes filles,*
> *Et des iris bleus à l'ombre des charmilles.*

Dans les textes sacrés tibétains, l'iris est appelé *sch-tu-wu*, dont la traduction pourrait être « Venu du Ciel ».
Notons que l'*iris blanc* signifie ardeur, l'*iris bleu*, confiance, l'*iris flambé* (iris d'Allemagne), feu.

IVRAIE : vice, méchanceté
Dans la vie, il faut savoir séparer le bon grain de l'ivraie. On doit voir dans l'ivraie l'image du méchant qui cherche à nuire à son prochain.

IXIA : tourment
Les six pétales de cette fleur, disposés en roue, rappellent le souvenir d'Ixion, cet orgueilleux qui avait osé déclarer son amour à Junon, et qui pour cela fut condamné à être attaché à une roue tournant sans cesse.

J

JACINTHE : divertissements
« Hyacinthe », autre nom de la fleur, était un beau jeune homme également aimé de Zéphire et d'Apollon. Certain jour où tous trois jouaient à la marelle, Zéphire, subitement jaloux d'Apollon, jeta le palet à la tête de Hyacinthe, qui tomba raide mort. Apollon, pour se consoler de la perte de son ami, le changea en fleur.

JASIONE : source de richesse
Jasion, fils d'Electre et de Jupiter, aima Cérès, déesse de l'agriculture, et en eut Plutus, dieu des richesses.

JASMIN BLANC : affabilité

JASMIN MAUVE : bonheur

JÉROSE : apaisement de la souffrance
On connaît ses jolies fleurs blanches sous le nom populaire de « rose de Jéricho » ou de « rose de Jésus ». Un petit fruit rond remplace la fleur, puis la plante se dessèche, se con-

tracte en pelote, que le vent emporte jusqu'aux déserts d'Arabie ou d'Égypte. Plonge-t-on alors ses racines dans l'eau que la plante retrouve sa fraîcheur. La légende veut que, lors de la fuite en Égypte, la Sainte Vierge mit à sécher les langes du Petit Jésus sur une tige de jérose... ce qui eut pour effet de lui conférer cette propriété particulière.

JONC DES CHAMPS : souplesse

JONC FLEURI : vous m'attirez

JONQUILLE - TULIPE - GERANIUM.
Votre beauté me fait désirer d'être
votre séjour.

JONQUILLE : désir

Ce « petit jonc » du genre « narcisse » doit son nom à la ténuité de ses feuilles. Ainsi chante le poète Jean-Antoine Roucher (1745-1794) :

*Me serais-je trompé ? Non ; la jonquille encor
Offre à mon œil ravi la pâleur de son or.
Je te salue, ô fleur si chère à ma maîtresse !
Toi qui remplis ses sens d'une amoureuse ivresse ;
Ah ! Ne t'afflige pas de tes faibles couleurs :
Le choix de ma Myrthé te fait reine des fleurs.*

JOURBARBE DES TOITS : je sais me contenter de peu

JULIENNE :
On distingue :

Julienne blanche : ne nous séparons pas
Julienne blanche et violette : je vais vous quitter
Julienne double : bonheur de vous revoir
Julienne lilas et rouge : goût des pérégrinations
Julienne de Mahon : je vous rencontre avec plaisir
Julienne mauve : amusez-vous
Julienne simple : on vous trompe.

JUJUBIER : votre présence atténue mon tourment

JUSQUIAME : répulsion
Tiré du grec, son nom signifie « fève de pourceau ».

K

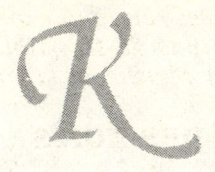

KAKI : solidité
Aussi nommé « plaqueminier du Japon ».

KALMIE : prenez garde !
Tiré d'Amérique septentrionale, cet arbrisseau, qui pousse dans les régions humides, a été introduit en France vers 1750. Les abeilles butinent le « kalmia à larges feuilles » et leur miel provoque une manière d'ivresse, des convulsions et parfois la mort.

KENNEDYE à feuilles ovales : extravagance

KENNEDYE à grandes fleurs : orgueil

KENNEDYE couchée : élégance

KERRIA : je résiste à tout
Arbrisseau originaire du Japon, plus connu en France sous le nom de « corchorus » ; on en use surtout pour habiller les murailles.

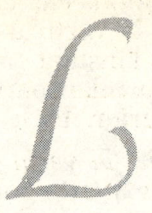

LAICHE : perfidie
Elle pousse dans les marécages, et sa feuille coupante blesse langue et palais des bestiaux.

LAITUE : refroidissement
Dans l'Antiquité, on lui attribuait la vertu de calmer l'ardeur de la concupiscence. Après le trépas d'Adonis, Vénus se coucha sur un lit de laitues pour essayer d'apaiser les feux de son amour.

LAUREOLE : désir de plaire
Deux espèces, le « bois gentil » et le « daphné garou », renferment un principe vésicant.

LAURIER : gloire
Grecs et Romains décernent une couronne de laurier au général vainqueur. Boileau-Despréaux (1636-1711) a pu écrire :

Aux plus savants auteurs comme aux plus
[grands guerriers
Apollon ne promet qu'un nom et des lauriers.

La belle Daphné, fille du dieu-fleuve Penée,

était aimée d'Apollon. Par crainte de succomber, et préférant la vertu à l'amour, elle supplia Minerve, à l'instant même où le plus éloquent des dieux allait parvenir à ses fins, de la changer en laurier. Et le dieu de s'écrier :

Puisque du ciel la vertu jalouse
Ne permet pas que tu sois mon épouse
Sois mon arbre du moins...
... Et tu seras des vainqueurs
L'ornement et le prix.

Le laurier aurait aussi la particularité d'éloigner la foudre. Les devins mâchaient ses feuilles pour mieux deviner l'avenir. La *daphnomancie* était une véritable source divinatoire, et certains tiraient des prophéties du pétillement d'une branche de laurier jetée dans le feu.

LAURIER-AMANDIER : perfidie
Sa feuille exhale une agréable odeur d'amande, mais cache de l'acide cyanhydrique, qui est un poison violent.

LAURIER BLANC : candeur

LAURIER-CERISE : orgueil

LAURIER-ROSE : douceur

LAVANDE : 1. vertu - 2. méfiance
On croyait jadis que cette plante attirait les serpents, qui se cachaient dans son feuillage.

LIANES : nœuds indissolubles

LIERRE : amitié éternelle

LILAS : premier émoi amoureux

Les bois de lilas, aux portes de Paris, firent longtemps les délices des habitants. C'était la première fête du printemps. Elle inspire un poète :

> *Tu me reverras dans tes bras*
> *Quand la Pâque aura trouvé l'heure*
> *De coudrier et de lilas*
> *Prends soin d'embellir ma demeure*
> *Je veux dans un pareil bosquet,*
> *Plaire encore à jeune fillette,*
> *Tantôt cueilli comme bouquet*
> *Tantôt croqué comme noisette.*

LYS - LILAS - PRIMEVERE -
Je n'ai jamais aimé que vous.

LILAS BLANC : jeunesse

LILAS JAUNE : inquiétude

LILAS ROSÉ : vanité

LIN : je jouis de vos bienfaits

LIS : pureté, souveraineté
Les Grecs le supposaient né du lait de Junon. Il est le roi des fleurs, dont la rose est la reine.
Dans le *Dictionnaire d'Archéologie sacrée* de l'abbé Migne (1851), on trouve cette explication de la fleur de lis, devenue l'emblème des rois de France :
Louis VII, dit le Jeune, s'étant croisé en 1146, prit une bannière d'azur semée de fleurs de lis, soit par allusion à son nom de Louis, soit par rapport à l'épithète de *Florus* ou *Fleuri*, que son père Louis le Gros lui avait donnée dans sa jeunesse, par amitié et par caresse. Les sentiments sont partagés sur la nature de ces pièces dont le roi sema sa bannière et son écu, et auxquelles est resté le nom de fleurs de lis. Les uns disent que ce sont des fleurs de lis de jardin, les autres, des fleurs de lis de marais, que l'on appelle flambes ou iris. Ceux qui veulent que les armoiries soient très anciennes, disent que les premiers Francs choisirent cet iris ou ce lis de marais, pour marquer leur origine, étant sortis d'un pays marécageux ; et d'autres, que les soldats de Clovis s'en firent des couronnes après la victoire de Tolbiac en 496. Quelques autres ont été bien plus

loin. M. Sonnini a cru reconnaître la fleur de lis héraldique parmi les peintures d'un plafond du temple de Dendera en Égypte. Il a pensé aussi, avec M. Hérissant, que les anciens rois babyloniens portaient une fleur de lis au bout de leur sceptre; mais cela vient d'une fausse interprétation. Le P. Godefroi Henschenuis a ouvert une conjecture sur nos fleurs de lis. Parlant d'un sceau de Dagobert Ier, apposé à une charte donnée par ce prince en faveur de l'abbaye de Saint-Maximin de Trèves, le 5 avril de la douzième année de son règne (qui est l'an 635), il dit que l'on y voyait trois sceptres liés ensemble, pour signifier les royaumes d'Austrasie, de Neustrie et de Bourgogne, que ce prince avait réunis en sa personne : d'où ce savant jésuite conclut qu'il est à présumer que c'est ce qui a donné l'origine à ce qu'on a appelé depuis dans le blason fleur de lis. La raison qu'il donne, c'est que ces trois sceptres, liés ensemble par le bas, ressemblent assez à la plante nommée flambe ou iris, et c'est de là, dit cet auteur, que ces trois sceptres ont pu, par la suite, tirer le nom qu'on leur donne aujourd'hui. On les fait d'or, ajoute-t-il, parce que la plante nommée flambe est jaune, et comme elle naît ordinairement dans les eaux dont la couleur est bleue, on les a placés en champ d'azur ; peut-être, dit-il, voulut-on encore signifier, par la couleur du champ, que l'origine et les accroissements du royaume de France étaient venus du ciel. D'autres ont pensé que les fleurs de lis du blason devaient leur origine à la manière grossière dont on figurait les abeilles dont on décorait les manteaux des rois de la première race. Ils fondent cette opinion sur le nombre assez considérable d'abeilles d'or trouvées à Tournay, dans le tombeau qu'on croit être celui de Childéric : mais elle ne saurait se soutenir. La fleur de lis ne ressemble aucunement à une abeille, et pas même à celles trouvées dans ce tombeau et que l'on conserve dans le cabinet d'antiquités de la Bibliothèque Nationale. Une dernière opinion est que ces pièces de l'écusson de nos rois ne sont autre chose que le fer d'une lance que l'on appelait francisque, dont se servaient les anciens Francs. La pièce du milieu de ce

SAINT-LOUIS

1226-1270.

Sceau de Louis IX.

fer était droite, pointue, plus large dans le milieu et tranchante des deux côtés; les deux autres, accostées vers le bas de cette principale pièce, étaient recourbées en demi-croissant adossé; le tout était lié par une clavette qui formait ce que nous appelons le pied de la fleur de lis, ce qui a rapport à la représentation des sceaux anciens; aussi cette opinion est-elle suivie par les plus habiles dans la science du blason.

LIS de Sibérie : pures sont mes intentions

LIS des Incas : sagesse

LIS du Japon : naïveté

LIS jaune : inquiétude

LIS martagon : virginité mystique

LIS pompon : pureté naïve de l'enfant

LIS superbe : candeur

LISERON : humilité
Henry Murger aimait à rimer :

Aimez le liseron, cette fleur qui s'attache
Au gazon de la tombe, à l'agreste rocher,
Triste et modeste fleur qui dans l'ombre se
Et frissonne au toucher!   *[cache*

LISERON DE NUIT : obscurité
Ce convolvulus, qui ressemble beaucoup au lis, n'en a pas le parfum et ne fleurit que la nuit.

LOTUS : beauté sans cesse renouvelée

LUNAIRE : je vous attendrai ce soir
On la nomme aussi « monnaie du pape ».

LUPIN VARIÉ : vous rendez la sérénité à mon esprit

LUZERNE : vie

LYCHNIDE-COQUELOURDE : sans aucune prétention
On nomme aussi cette plante aux belles fleurs pourpres « lychnide fleur de Jupiter », « lychnide rose du ciel », « grosse nielle ».

LYCHNIS DE CHALCÉDOINE : fidélité à toute épreuve
On l'appelle « croix de Jérusalem » parce que les Croisés la trouvèrent dans la ville sainte et la rapportèrent en Occident à la fin du IXe siècle.

LYCOPERDON : je veux vous aimer toujours
Champignon, autrement nommé « vesse-de-loup ».

LYCOPODE : flamme ardente
Cette sorte de mousse est originaire des Tropiques.

M

MAHALEB : enivrement des sens
On le nomme autrement « bois de Sainte-Lucie ».

MANCENILLIER : fausseté, tromperie
C'est un poison terrible dans toutes ses parties.

MANDRAGORE : fureur, délire
La légende assure que, lorsqu'on extirpait du sol sa racine bifurquée et ressemblant au corps d'un homme, celle-ci poussait des cris épouvantables. Usitée pour de nombreux philtres d'amour, la mandragore est vénéneuse. Elle cause un délire furieux et la mort. Son nom veut dire : « Qui endort. »

MARGUERITE (grande) : oracle

MARGUERITE BLANCHE SIMPLE : préférence
Quand Marguerite de France (1523-1574), fille de François Ier, alla rejoindre en Savoie son époux le prince Emmanuel-Philibert, on lui

offrit une corbeille de marguerites blanches avec ce quatrain :

> *Toutes les fleurs ont leur mérite,*
> *Mais quand mille fleurs à la fois*
> *Se présenteraient à mon choix,*
> *Je choisirais la marguerite.*

MARGUERITE BLANCHE DOUBLE : sentiments partagés

Au Moyen Age, quand une noble dame permettait à un chevalier de faire graver une marguerite sur ses armes, elle avouait ainsi qu'elle rendait amour pour amour.

MARGUERITE (petite) : innocence

On la nomme aussi « pâquerette » parce qu'elle fleurit dans le temps de Pâques.
Charlotte de La Tour, dans son *Langage des fleurs*, paru vers 1879 chez Garnier frères, rapporte cette belle histoire :
Malvina, penchée sur le tombeau de Fingal, pleurait le vaillant Oscar, et un fils d'Oscar, mort avant d'avoir vu le jour.

Les vierges de Morven, pour suspendre sa douleur, erraient souvent autour d'elle, en célébrant, par leurs chants, la mort du brave et celle du nouveau-né.
Le brave est tombé, disaient-elles, il est tombé ! et le bruit de ses armes a retenti dans la plaine ; la maladie, qui ôte le courage ; la vieillesse, qui déshonore les héros, ne sauraient plus l'atteindre ; il est tombé ! et le bruit de ses armes a retenti dans la plaine.
Reçu dans le palais des nuages où habitent ses ancêtres, il boit avec eux la coupe de l'immortalité. O fille d'Oscar ! sèche les larmes de ta douleur ; le brave est tombé ! il est tombé ! et le bruit de ses armes a retenti dans la plaine.
Puis, d'une voix plus douce, elles lui disaient encore : L'enfant, qui n'a pas vu la lumière, n'a pas vu l'amertume de la vie ; sa jeune âme, portée sur des ailes brillantes, arrive avec la diligente aurore dans le palais du jour. Les âmes des enfants qui ont, ainsi que lui, rompu sans douleur les entraves de la vie, penchées sur des nuages d'or, se présentent et lui ouvrent les portes mystérieuses de l'atelier des fleurs.
Là, cette troupe innocente, ignorant le mal, s'occupe éternellement à renfermer, dans d'imperceptibles germes, les fleurs que chaque printemps doit faire éclore : tous les matins, cette jeune milice vient répandre ces germes sur la terre avec les pleurs de l'aurore ; des millions de mains délicates renferment la rose dans son bouton, le grain de blé dans ses enveloppes, les vastes rameaux d'un chêne

dans un seul gland, et, quelquefois, une forêt entière dans une semence invisible.
Nous l'avons vu, ô Malvina ! nous l'avons vu, l'enfant que tu regrettes, bercé sur un léger brouillard ; il s'est approché de nous, et a versé sur nos champs une moisson de fleurs nouvelles. Regarde, Malvina ! parmi ces fleurs, on en distingue une au disque d'or, environnée de lames d'argent ; une douce nuance de pourpre embellit ses rayons délicats ; balancée dans l'herbe par une brise légère, on dirait un petit enfant qui se joue dans la verte prairie. Sèche tes larmes, ô Malvina ! le brave est mort couvert de ses armes, et la fleur de ton sein a donné une fleur nouvelle aux collines du Cromla.
La douceur de ces chants suspendit la douleur de Malvina : elle prit sa harpe d'or, et répéta l'hymne du nouveau-né.
Depuis ce jour, les filles de Morven ont consacré la petite marguerite à la première enfance ; c'est, disent-elles, la fleur de l'innocence, la fleur du nouveau-né.

MARJOLAINE : toujours heureux
Variété d'origan, originaire d'Orient, dont l'odeur balsamique de la fleur passe pour préserver de toutes les maladies.

MARRONNIER D'INDE : luxe
Originaire d'Asie mineure, cet arbre a été importé en France en 1615.

MAUVE : douceur, caractère facile
Pythagore (env. 583-532 av. J.-C.) aimait à dire :
« Semez la mauve, mais n'en mangez pas. »

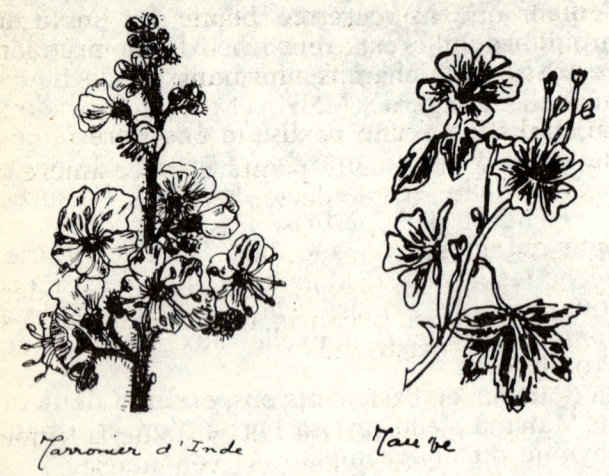

Marronier d'Inde   *Mauve*

MÉLÈZE : audace
C'est en mélèze qu'ont été fabriqués les premiers pilotis lors de la fondation de Venise.

MÉLIANTHE : repos
Son nom, en grec, signifie « fleur d'abeille ».

MÉLISSE : gaieté
Quand on veut faire émigrer un essaim, on doit entourer la ruche de plusieurs pieds de cette plante.

MENTHE POIVRÉE : chaleur sentimentale
Son nom évoque Menthos, fille de Cocyte,

changée en plante par la volonté des dieux.

MERCURIALE : assoupissement
Dédiée à Mercure, cette plante lui servit à composer un breuvage dont il fit le premier essai sur Argus... en l'endormant.

MORELLE : vérité pénible à entendre
On nomme aussi cette plante « douce-amère » à cause de la saveur de ses feuilles.

MORGELINE : rendez-vous
Là où croît l'« alsine » ou « mouron des oiseaux », on voit accourir nombre de volatiles qui en sont fort friands.

MOURON ROUGE : je vous écoute
Dite aussi « oreille de rat », à cause de la forme de la feuille, cette plante est vénéneuse.

MOUSSE : amour maternel
Comme lui, elle ne meurt jamais.

MOUTARDE : vous êtes la cause de mes larmes

MUFLIER : je m'en ris
La plante est nommée populairement « gueule de loup » ou « mufle de veau », car la graine de ces belles fleurs est renfermée dans des capsules qui, à maturité, se percent de trous, imitant yeux et bouche, pour leur donner l'apparence d'un masque moqueur de singe.

MUGUET DE MAI : retour du bonheur

MÛRIER BLANC : sagesse

Il est importé d'Orient en Grèce et en Asie mineure sous le règne de Justinien (empereur d'Orient de 527 à 565). En 1230, il passe en

Sicile, d'où il est transplanté en Provence l'an 1494.

MYOSOTIS – COQUELICOT – HELIOTROPE
Aimez-moi comme je vous aime.

MÛRIER NOIR : je ne vous survivrai point Pyrame et Thisbé vivaient jadis à Babylone ; ils s'aimaient, malgré la haine de leurs parents qui divisait les deux familles. Décidés à s'unir, ils se donnèrent rendez-vous dans un lieu écarté, sous un mûrier blanc, à quelque distance de la ville. Thisbé arrive la première et voit une lionne ; prise de peur, elle abandonne son unique voile et se sauve ; le fauve déchire le léger vêtement. Pyrame arrive à son tour, aperçoit les derniers morceaux de l'arachnéenne parure et croit sa fiancée dévorée. De désespoir, il se tue d'un grand coup d'épée dans le cœur. Thisbé, curieuse, revient et, trouvant la dépouille de son promis, se suicide par la même épée. Le mûrier, témoin d'un tel amour, ne porta plus dès lors que des fruits d'un noir rougeâtre ou foncé.

N

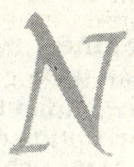

NARCISSE : égoïsme, égocentrisme
Fils de la nymphe Liriope et du fleuve Céphise, Narcisse naquit à Thespies, en Béotie. Épris de sa beauté, il fuyait le joug de l'amour, malgré les cris d'Écho, une nymphette qui le poursuivait de ses assiduités. Les dieux pour le punir le condamnèrent à se mirer tout le jour dans l'onde, et il en périt de langueur avant d'être changé en fleur.

NEMOPHILE : pourquoi vous cachez-vous ?
Son nom signifie « ami des forêts ».

NÉNUPHAR : froideur
Une nymphe aima Hercule d'un amour passionné, mais point partagé, qui la conduisit au tombeau. Le héros voulant cependant en perpétuer le souvenir, la changea en nénuphar, dont le nom botanique est « nymphéa ».

NÉPENTHÈS : j'oublie mes tourments
Télémaque, chagrin, but un philtre au népenthès composé par Hélène, et sur l'instant tous ses soucis disparurent.

NERPRUN : la mort est dans mon cœur
Son bois calciné fournit un charbon de luxe pour la préparation de la poudre à canon.

NIGELLE DE DAMAS : sympathie
Ses fleurs, d'un bleu céleste, fleurissent de juin à septembre. On nomme la plante « nigelle des dames » par corruption de Damas, d'où elle est originaire, ou bien « cheveux de Vénus ».

NIVÉOLE DU PRINTEMPS : consolation

NOISETIER : ballade sentimentale
Voir aussi *Coudrier*.

NOPAL : sécurité
On le nomme aussi « cactus raquette ».

NOYER : mauvais voisinage
Cet arbre est originaire d'Asie ; il exhale une odeur pénétrante qui peut nuire aux végétaux vivant à son ombre.
Notons qu'*une branche de noyer portant des noix* signifie : je serai sérieux.
A Rome, ainsi que dans certains pays de Provence, le jour des noces les jeunes époux lancent aux bonnes gens noix et amandes pour leur annoncer que désormais les jeux érotiques et flirts plus ou moins poussés sont terminés pour eux, et qu'ils entendent dès lors vivre l'un pour l'autre l'un par l'autre en fidélité conjugale.

O

ŒILLET : caprice
Dans ses *Métamorphoses*, le poète Ovide (43 av. J.-C. - 18 ap. J.-C.) rapporte que Diane, par distraction, arracha les yeux à un berger qui, par sa présence, l'avait irritée. Calmée, elle ne sut qu'en faire, et, bien qu'elle les trouvât jolis, les jeta sur le bord du chemin, où ils germèrent pour donner naissance à l'œillet.

ŒILLET blanc : amitié, amour fidèle

ŒILLET couleur de peau : sensation jouissive

ŒILLET de poète : finesse

ŒILLET giroflée : amour pur

ŒILLET incarnat : réciprocité

ŒILLET jaune : dédain

ŒILLET mignardise : grâces enfantines

ŒILLET mignonnette : amour filial

ŒILLET panaché : refus d'aimer

ŒILLET ponceau : horreur

On assure que, durant la Terreur, plusieurs condamnés portaient sur leur vêtement un œillet ponceau.

CHÈVREFEUILLE - ŒILLET ROUGE - ROSE JAUNE
Je vous aime trop pour être infidèle

ŒILLET rouge : énergie

ŒILLET simple : vif amour

Madeleine de Scudéry (1627-1701), voyant le Grand Condé (1621-1686), prisonnier au château de Vincennes, cultiver un petit parterre d'œillets, burina ces vers :

En voyant ces œillets qu'un illustre guerrier
Arrose d'une main qui gagna des batailles,
Souviens-toi qu'Apollon bâtissait des murailles,
Et ne t'étonne pas que Mars soit jardinier.

ŒNOTHÈRE ODORANT A GRANDES FLEURS : ma reconnaissance surpasse vos bons soins et je demeure votre obligé

Œnothère signifie, en grec, « vin des bêtes fauves » parce qu'on croyait son infusion capable d'apprivoiser les bêtes réputées féroces. On le nomme aussi « onagre » ou « herbe d'âne » parce que ces paisibles animaux s'en montrent friands.

OIGNON : pleurs

OLIVIER : concorde

La fable attribue à Minerve la naissance de cet arbre. La Bible nous rapporte que, par l'olivier, Dieu fit savoir à Noé son pardon.

ORANGER : générosité
Le fabuliste Jean de La Fontaine (1621-1695) a rimé un bel et bien joli quatrain :

> *Orangers, arbres que j'adore*
> *Que vos parfums me semblent doux !*
> *Est-il dans l'empire de Flore*
> *Rien d'agréable comme vous ?*

ORME : rendez-vous manqué
Le poète Jean-François Regnard (1655-1709) rimait ce proverbe :

> *Attendez-moi sous l'orme ;*
> *Vous m'attendrez longtemps.*

ORNITHOGALE : vous vous levez tard en ombrelle
On la nomme aussi « belle d'onze heures », « dame d'onze heures ». Elle s'ouvre vers cette heure-là et sa jolie fleur à dix pétales d'un blanc laiteux ne dure que cinq à six heures.

ORSEILLE : vous me faites rougir
Lichen qui pousse au bord de la mer et qui fournit à l'art du teinturier une belle couleur pourpre.

ORTIE : douleur cuisante

OSIER : franchise
Les Anciens prêtaient à son bois la vertu, lorsqu'il était porté par un homme, d'obliger celui-ci à dire la vérité.

OXALIDE : insouciance

On la nomme également « petite oseille », « acétiselle », « pain de coucou », « pain à coucou », « alleluia ».

OXANTHE : versatilité

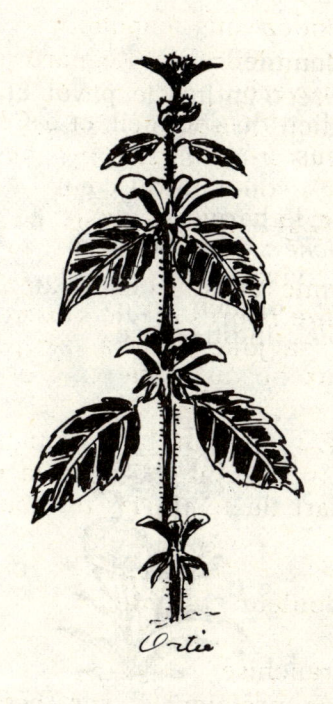

P

PAVOT : sommeil

Chez les Gréco-Latins, le pavot était dédié à Morphée, dieu du sommeil, et à Cérès, déesse des moissons.

Pavot blanc : sommeil du cœur
Pavot noir : léthargie
Pavot panaché : surprise
Pavot rose : vivacité
Pavot rouge : orgueil
Pavot simple : indifférence

Papaver rhoes
(pavot)

PAILLE BRISÉE : rupture

Dans *Le Dépit amoureux*, Molière (1622-1673) met dans la bouche de Gros-René ces vers adressés à Marinette en lui présentant un fétu de paille :

Pour couper tout chemin à nous rapatrier
Il faut rompre la paille. Une paille rompue
Rend entre gens d'honneur une affaire conclue.

PALMIER : lutte victorieuse contre l'adversité

PALMIER DATTIER : bienfait

PARIÉTAIRE : laissez-moi croupir dans ma médiocrité et, si vous passez outre mon désir, veillez sur vous comme sur moi

PATIENCE : patience

PENSÉE : souvenir

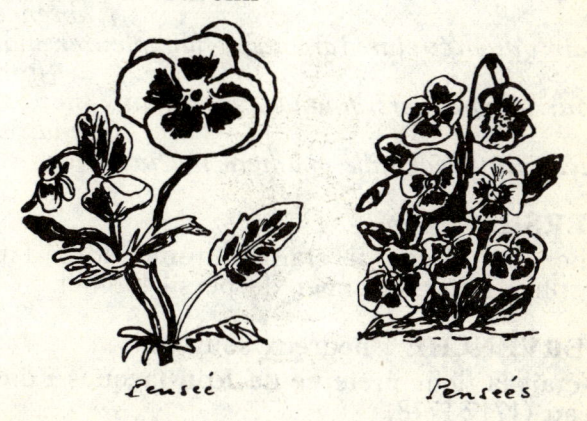

Pensée

Pensées

Io, grande prêtresse du temple de Junon, était aussi belle que vertueuse. Un jour pourtant elle céda à Jupiter, qui avait pris l'apparence d'un berger. Trahie par une de ses compagnes, Io dut être transformée en génisse par Jupiter pour échapper au courroux de Junon. Cybèle, déesse de la Terre, pour atténuer son sort, fit fleurir autour d'elle un tapis de pensées.

PERCE-NEIGE : heureux présage
La gracieuse corolle pendante de cette fleur qu'on dit « galantine » a tenté la plume de Mme Desbordes-Valmore :
J'ai sommeillé six mois sous mon voile de
[neige.
Oh que la neige est froide à l'âme d'une fleur !
Mais je pousse ma tête au ciel qui me
[protège,
Et je perce mon voile et reprends ma couleur,
Et je cause avec l'air dont je pleurais
[l'absence.
L'air qui m'étreint d'amour et fait pleurer mon
[front
Pour les premiers bouquets les enfants me
[prendront
Et l'oiseau réchauffé chantera ma présence.

PERSIL : festin
Chez les Grecs, il était coutume, lors d'un festin, de se couronner de persil le chef.

PERVENCHE : heureux souvenir
C'était la fleur préférée de Jean-Jacques Rousseau (1712-1778).

PHLOX : je me plais où vous êtes

PIN : hardiesse
Son bois est recherché pour les constructions navales.

PISSENLIT : oracle
Voir *le baromètre de Flore*.

PIVOINE : vous m'apportez la sérénité
On la nommait autrefois « péone » parce que les Anciens l'avaient dédiée à Péon, médecin des dieux. Sa racine a été employée contre l'épilepsie.

PLATANE : génie, grandeur
Les adeptes de Bacchus prétendent que l'on peut boire impunément sous son ombre, car la fraîcheur de ses feuilles préserve de toute ivresse.
Emma Faucon écrivait :

Les plateaux riants, sous qui d'heureux buveurs
Du père des raisins célébraient les faveurs.

POIRIER : vos heureuses qualités ont été développées par une habile éducation
Poires et poiriers, déjà connus au temps d'Homère, étaient fort à l'honneur chez les Romains. En menuiserie, le bois de poirier est teint en noir ; il sert à imiter l'ébène ; les luthiers l'emploient, ainsi que les charpentiers, pour la fabrication des roues de moulin.

POMMIER : discorde

La Discorde n'avait pas été invitée aux noces de Thétis; elle vint cependant au festin et jeta sur la table une belle pomme portant l'inscription : « A la plus belle »; Minerve, Junon et Vénus se la disputèrent. Jupiter, qui ne voulait pas trancher pareil débat, renvoya le trio devant Pâris, qui désigna Vénus; les deux autres déesses, désireuses de se venger, incitèrent les Grecs à entrer en guerre contre les Troyens.

PRIMEVÈRE : jeunesse première

PRIMEVÈRE OREILLE D'OURS : séduction

PYRAMIDALE : orgueil

PYROLE : infidélité

C'est une variété de bruyère, dont les racines faisaient des philtres tendant à rendre les amants infidèles.

Q

QUASSI : reconnaissance
Arbuste du Surinam, dont les vertus ont été reconnues par un Noir du nom de Quassi, qui les révéla à un officier hollandais, son bienfaiteur. C'est Linné qui donna le nom du nègre à l'arbre.

QUINOA : prévoyance

QUINQUINA : santé
Cet arbuste, toujours vert, croît naturellement dans les hautes vallées des Andes intertropicales. Les Indiens le nomment « kina-kina ». On l'a nommé en France « poudre des jésuites » parce qu'il a été rapporté par un fils de Loyola. Mais on l'appelle aussi « cinchona », parce que la comtesse de Cinchon, épouse du vice-roi du Pérou, fut guérie par une décoction de quinquina en 1638.

QUINTEFEUILLE : enfant chérie

RENONCULE BOUTON D'OR : danger des richesses

Un quatrain anonyme du siècle dernier nous renseigne sur cette fleur magnifique et vénéneuse :

> *Ce joli bouton satiné,*
> *Qui sourit comme l'innocence,*
> *Recèle un suc empoisonné,*
> *Et souvent blesse l'imprudence.*

On la nomme aussi « renoncule scélérate ».

RENONCULE DES JARDINS : danger obscur

RÉSÉDA ODORANT : vos vertus et qualités valent mieux que votre apparence

RHODODENDRON : premier aveu d'amour

ROMARIN : votre présence me réchauffe

RONCE : bienveillante protection

ROSE A CENT FEUILLES : grâce

ROSE BLANCHE : discrétion

ROSE BLANCHE ET ROSE ROUGE : feu du cœur
Le poète affirme : les dieux n'ont fait que deux choses parfaites : la Femme et la Rose.

ROSE BLANCHE en bouton : cœur qui s'ignore
L'abbé Jacques Delille (1738-1813) d'écrire :

Tel ce bouton frais et vermeil,
Qui dans l'hiver n'osait éclore,
N'attendait, pour s'ouvrir, qu'un rayon de soleil,
Ou qu'une larme de l'aurore.

ROSE DU BENGALE : complaisance

ROSE en bouton : fraîcheur d'âme / beauté naissante

Jean-François, marquis de Saint-Lambert (1716-1803) rimait :

Votre beauté vermeille est un bouton de rose
Ou chaque feuille ombrage un amour qui repose.

ROSE ÉPANOUIE : beauté passagère

Qui ne connaît la poésie de Pierre de Ronsard (1524-1585) :

> *Mignonne, allons voir si la rose,*
> *Qui ce matin avait déclose*
> *Sa robe de pourpre au soleil,*
> *N'a point perdu sa vesprée,*
> *Les plis de cette robe pourprée,*
> *Et son teint au vôtre pareil.*
>
> *Las ! Voyez comme en peu d'espace,*
> *Mignonne, elle a dessus la place*
> *Là, là, ses beautés laissé choir !*
> *O, vraiment, marâtre nature !*
> *Puisqu'une telle fleur ne dure*
> *Que du matin jusqu'au soir !*
>
> *Or donc, écoutez-moi, mignonne,*
> *Tandis que votre âge fleuronne*
> *Dans sa plus verte nouveauté,*
> *Cueillez, cueillez votre jeunesse ;*
> *Comme à cette fleur, la vieillesse*
> *Fera ternir votre beauté !*

ROSE FLÉTRIE : beauté fanée

ROSE JAUNE : infidélité

ROSE MOUSSUE : volupté

ROSE POMPON : gentillesse
On l'appelle également « rose de mai » ; elle est dédiée à la Sainte Vierge.

ROSE SANS ÉPINE : plaisir facile et factice

Rose

Rose Trémière

ROSE TRÉMIÈRE : doux plaisir
On la nomme aussi « passe-rose » ; elle est originaire de Syrie.

ROSEAU A MASSUE : musique
Sur les bords du fleuve Ladon, Syrinx cueillait des fleurs quand le dieu Pan vit la nymphette. Pour échapper à ses érotiques entreprises, elle supplia les Naïades, ses sœurs, de l'en préserver. Elle fut immédiatement changée en roseau et Pan, déçu, s'en fut couper des roseaux d'inégale longueur, avec lesquels il fabriqua cette merveilleuse flûte champêtre qui porte son nom.

ROSEAU PLUMEUX : indiscrétion
Le roi Midas commit le crime de ne pas trouver le chant d'Apollon le plus beau. Celui-ci, fâché, lui fit pousser des oreilles d'âne. Midas voulut garder le secret, sauf pour son barbier. Celui-ci ne résista pas à l'envie de le répéter. Il fit un trou dans la terre, se mit à genoux et dit bien bas : « Le roi Midas a des oreilles d'âne. » Puis il enfouit le secret. Las ! Apollon l'apprit et fit pousser des roseaux en cet endroit. Depuis, quand le vent les agite, ils répètent : « Midas a des oreilles d'âne. » Le barbier fut mis à mort mais le secret n'en était plus un.

RUDBECKIE : changement

S

SABOT DE VÉNUS : vous avez une démarche divine
Vénus courant à travers bois, à la recherche du corps d'Adonis, avait les pieds ensanglantés. Elle se chaussa de cette fleur, qui ressemble à une pantoufle élégante.

SAFRAN : n'abusez pas
A Tyr, il était d'usage de teindre avec du safran le voile des jeunes mariées.

SAINFOIN OSCILLANT : agitation

SALICAIRE : prétention à la beauté et à l'art

SAPIN : élévation de pensée

SAPONAIRE : adoucissement au chagrin

SAUGE : bonne et pleine santé
On disait autrefois : *Pourquoi mourrait l'homme qui a de la sauge dans son jardin ?*
Son nom veut dire « plante salutaire qui rend la santé ».

SAULE MARSAULT : lumière de l'intelligence
On le nomme aussi « pain d'abeilles ».

SAULE PLEUREUR : mélancolie
On le nomme aussi « saule de Babylone », parce qu'il en est originaire.

SCABIEUSE : veuvage
On la nomme aussi « fleur des veuves » parce qu'on en ornait les tombeaux.

SCEAU DE SALOMON : sagesse
Son nom scientifique est « *polygonatum* ». On attribuait à sa racine une vertu magique.

SENSITIVE : pudeur
On la nomme aussi « acacie » ou « mimosa pudique ».
Une nymphe sage devait dans quatre jours épouser le berger Iphys... Mais le promis, ne pouvant résister à l'impétuosité de sa nature, voulut forcer la nymphe dans les bois. Sur le point de céder son pucelage, elle invoqua le dieu Hymen, qui la changea en sensitive.

SERINGAT : mon âme se sent pénétrée de vos bontés

SÉSAME : ouvrez-moi votre cœur

SORBIER : la patience est la première des vertus
On le nomme aussi « cormier ».
Le fruit fraîchement cueilli de cet arbuste est

immangeable. Il faut avoir la patience de le laisser mûrir sur la paille pour pouvoir le déguster enfin.

SOUCI : peine
La douleur de Vénus donna naissance à cette fleur.

Veuve de son amant quand jadis Cythérée
Mêla ses pleurs au sang de son cher Adonis,
Du sang naquit, dit-on, l'anémone pourprée,
Des pleurs naquirent les soucis.

T

TAMARIX : vous ne m'attraperez pas
On croyait que le bois de tamarix développait la vélocité et on en taillait des tasses à boire.

TANAISIE : dehors trompeurs

THLASPI : je contourne les obstacles
On le nomme aussi « ibéride ».

THYM : vous parfumez l'environnement
L'excellence du miel récolté en Grèce sur le mont Hymette, et en Sicile sur le mont Hybla, était attribuée au délicieux arôme du thym de Crète.

TILLEUL : union conjugale
La fable nous rapporte que Mercure et Jupiter, revêtus d'une peau humaine, visitaient la Phrygie. Dans un village, c'est en vain qu'ils sollicitèrent l'hospitalité des plus riches habitants ; mais un couple de pauvres bûcherons, Philémon et Baucis, reçut les étrangers au mieux de son modeste avoir. Pour les récompenser, Jupiter changea leur cabane en temple, dont

ils furent les serviteurs. Ils moururent tous deux le même jour; Philémon fut changé en chêne et Baucis en tilleul.

TUBÉREUSE : volupté, plaisir sensuel
En Amérique latine, on la nomme « fleur des jeunes époux », à qui il est coutume de remettre une tige fleurie à l'entrée de la chambre nuptiale.

TULIPE : magnificence
En Orient, cette fleur est considérée comme l'emblème du printemps, car on célèbre « la fête des tulipes » au mois d'avril. Chez les Turcs, c'est une marque d'estime extraordinaire que d'envoyer une tulipe en présent.

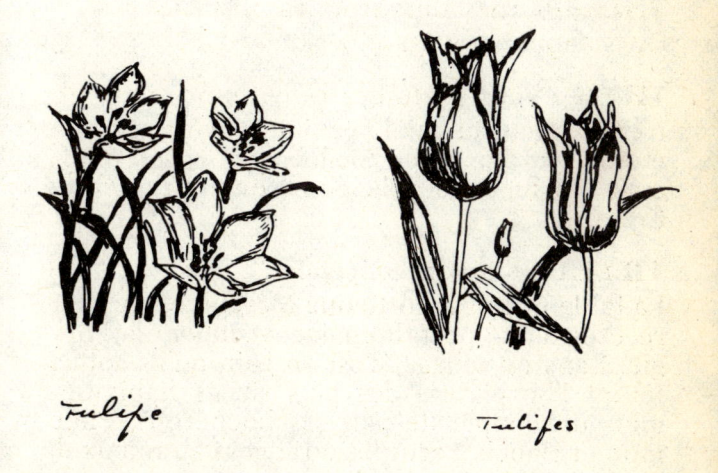

Tulipe

Tulipes

U

ULCA : je compte sur vos bons offices

UTRICULAIRE : je guette le moment propice

V

VALÉRIANE : j'en aurai la force
Les chats aiment déterrer sa racine et se rouler sur son feuillage en poussant des cris de plaisir.

VALISNERIE SPIRALE : coquettes amours

VERDURE : espérance

VÉRONIQUE : votre portrait est gravé dans ma mémoire

VERVEINE : inspiration poétique
C'est une herbe sacrée pour les Grecs et les Romains ; et leurs hérauts en couronnent leur tête et leur caducée quand ils sont en mission de paix comme de guerre.
Les devins de l'Antiquité, comme les druides et les druidesses de la Gaule, ne prophétisent que verveine en main.
Dans la France médiévale, et même au siècle passé encore, on la nommait « herbe à tous les maux ». En infusion, le soir, elle termine heureusement un repas.

VIGNE : ivresse

Selon les sources, ce seraient Noé, Osiris ou Bacchus, qui auraient appris aux hommes la culture de la vigne.
Les Égyptiens prétendaient que la vigne était née du sang des Géants, et expliquaient ainsi la fureur que procure l'ivresse.

VIOLETTE : modestie, pudeur
Violette blanche : innocence
Violette double : amitié partagée
Violette jaune : beauté fanée

Bouquet de violettes entouré de feuillage : amours secrètes.

Vénus, qui avait épousé Vulcain, ne pouvait se résoudre à suivre un mari si laid. Le dieu du Feu se couronna de violettes pour cacher sa laideur et Vénus, captivée par leur doux parfum, écouta enfin son mari, accepta ses hommages et devint son épouse. Les Grecs et les Celtes avaient fait de la violette l'emblème de la virginité et de l'innocence. Ils en décoraient le cercueil des jeunes vierges. Cette coutume existait encore outre-Rhin au siècle dernier. Desmarets de Saint-Sorlin, dans sa *Guirlande de Julie*, écrit :

Modeste en ma couleur, modeste en mon [séjour,
Franche d'ambition je me cache sous l'herbe;
Mais si sur votre front je puis me voir un [jour,
La plus humble des fleurs sera la plus superbe.

CAMELIA - PENSEE - VIOLETTE
Votre souvenir me sera toujours précieux

Quant à Louis Ratisbonne, il imagine ainsi la naissance de cette fleur :

> *Quand Flore, la reine des fleurs,*
> *Eut fait naître la violette,*
> *Avec de charmantes couleurs,*
> *Les plus tendres de la palette,*
> *Avec le corps d'un papillon*

*Et ce délicieux arôme
Qui la trahit dans le sillon :
« Enfant de mon chaste royaume
Quel don puis-je encore attacher,
dit Flore, à ta grâce céleste ?
— Donnez-moi, dit la fleur modeste,
Un peu d'herbe pour me cacher. »*

VOLUBILIS : ma première pensée est à vous, mon cœur vous embrasse, caresses

Dans « Volubilis » il y a volupté. Cette plante a soif de s'enrouler autour de tout ce qu'elle atteint... Mais qu'un rayon de soleil darde trop fort et la fleur se fane. Ainsi vont beaucoup d'amours trop enflammées.

W

WACHENDURF à grandes fleurs jaunes : dépit

WACHENDURF graminée : brouille, fâcherie

WATSONIA rose : trahison

WESTRINGIE à feuilles de romarin : intrigues, ruses

X

XANTHIUM : débauche
On nomme aussi cette plante « ambroisie », « lampourde » ou « glouteron ».

XANTOCHYME ou arbre des teinturiers : orgueil

Y

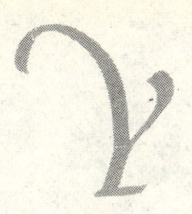

YEBLE ou sureau commun : vous me consolez de toutes mes peines
Sans doute une allusion aux vertus médicinales du sureau, diurétique et purgatif. En tisane, on l'appelle « thé de Saint-Germain ».

YPREAU ou faux-tremble : poltronnerie

YUBAN ou magnolier : vous êtes belle et bonne
Ses fleurs blanches sont bordées de carmin.

YUCCA : envie de voyager au loin
Cette plante se nomme aussi « glorieuse ».

ZAMIER : horreur
On le nomme aussi « zamia horrible ».
Originaire d'Afrique, cette plante a un aspect des plus singuliers. Ses feuilles glauques sont munies de dards acérés. Son langage varie selon les espèces.
Type cicadifolia : attaque nocturne ; nain du Cap : mort d'un ami intime ; en spirale de la Nouvelle-Hollande : mépris public.

ZANTORRHIZE feuilles de persil : douce espérance

ZÉPHYRANTE
à fleurs rose foncé : veuvage
à fleurs roses au sommet : jeunesse

ZIERIC TRIFOLIÉ : amitié fidèle
Ses fleurs sont petites, roses ou blanches.

ZIGOPHYLLUM : amour fraternel
Cette plante est aussi nommée « fabagelle commune ».

zinnia elegans

ZINNIA : faux éclat

ZIZIPHUS CULTIVÉ : projet destructeur
C'est une plante à fruits rouges. On l'appelle aussi « jujubier ».

ZIZIPHUS DE CHINE : fièvre, maladie

ZIZIPHUS LOTUS : querelle, discorde
C'est une plante à fleurs jaunes.

ZOÉGÉE D'ORIENT : mauvais ménage, amour clandestin
C'est une plante à fleurs jaunes.

Les dictons bucoliques de Michel le Jardinier

Dictons du temps qu'il fera

Laissez passer la Chandelouse
Après neuf lunes sans pouse
Et le mardi après suivant
Vous trouverez carême-entrant.

Prends du temps la règle commune
En premier mardi de lune.

Année neigeuse, année fructueuse
Année nubileuse, année fructueuse
Année venteuse, année pommeuse.

Gelée hors de saison
Gâte la vigne et la maison.

La lune est périlleuse au cinq,
Au quatre, six huit et vingt.

Au cinq de la lune on verra
Quel temps tout le mois donnera.

Ciel pommelé et femme fardée
Ne sont pas de longue durée.

L'arc-en-ciel du soir
Fait beau temps paroir.

Quand la lune se fait dans l'eau,
Deux jours après, il fait beau.

Brune matinée,
Belle journée.

Rouge vêpre et blanc matin
Est la joie du pèlerin.

La lune pâle fait la pluie et la tourmente,
L'argentine temps clair et la rougeâtre vente.

La lune pâle est pluvieuse,
La rougeâtre est toujours venteuse,
La blanche amène le temps beau.

Du dimanche matin la pluie,
Bien souvent la semaine ennuie.

Arc-en-ciel du matin,
Pluie sans fin.

Brouillard qui ne tombe pas,
Donne pour sûr des eaux en bas.

Quand il a tonné et tonne encore,
La pluie approche et montre la corne.

Quand il fait de la bise
Il pleut à sa guise.

Quand le soleil se joint au vent,
On voit en l'air pleuvoir souvent.

Tant vente qu'il pleut.

Rosée matutine,
Pluie sérotine.
   (Rosée le matin,
   Pluie le soir.)

Brebis qui paissent aux cieux
Font temps venteux et pluvieux.

Garde-toi de prêter,
Car à l'emprunter cousin germain,
Et au rendre fils de putain.

La terre engraissée avec la chaux
Ne peut enrichir que les vieillards.

Il faut un homme alerte pour semer les
[avoines,
Et un homme lent pour semer l'orge.

Qui sème dru récolte menu ;
Qui sème menu récolte dru.

Dictons de l'an

Année de foin,
Année de rien.

An pluvieux,
An malheureux.

Année de glands
On peut semer tout l'an.

Année de glands,
Mauvais an.

Année de paille,
Année de cailles.

Toute année a ses saisons,
Et tout esprit sa raison.

Es paura annada cand lus curets lauron
Et que las putas fialon !
(C'est une bien pauvre année quand les curés labourent et les putains filent !) (Périgord).

Une saison
Vaut une façon.

En toute saison,
La femme est bien à la maison.

Mois de fleurs,
Mois de pleurs.

Chapon de huit mois
Fait lécher les doigts.

Janvier

LE FRILEUX

C'est à Numa Pompilius, second roi de Rome (714-671 av. J.-C.) et successeur de Romulus, que l'on doit la création du calendrier de douze mois. A celui de Romulus il ajoute en effet, sous l'inspiration, dit-on, de la nymphe Egérie, les mois de janvier et de février, créant par la même occasion le culte de Janus, dieu dont les deux visages regardaient l'année qui venait de finir et celle où l'on entrait. Le 1er du mois, on offrait à Janus un gâteau nommé *Janual*, ainsi que des dattes, des figues et du miel. Artistes et artisans ébauchaient ce jour-là la matière de leurs ouvrages, persuadés qu'ainsi l'année leur serait favorable. C'est de ce temps que date la tradition des vœux, où l'on faisait attention à ne pas prononcer des paroles de mauvais augure.
L'usage des étrennes fut consacré par Tatius, roi des Sabins, qui reçut ce jour-là quelques branches coupées qu'on baptisa *streniae* (d'où le mot *étrennes*).
En France, et jusqu'en 1789, on célébra la Fête du gui des druides. Dans le Vendômois et

le Maine, les enfants demandaient aux passants le *gui-l'an-neu*, symbole de bonheur.
La Fête des Rois ou Épiphanie (qui signifie apparition) célèbre le jour où Jésus se montra aux Gentils, et où les Rois Mages l'adorèrent.
Dans la Beauce, on organisait, la veille des Rois, un grand repas fastueux présidé par la personne la plus respectée du village. Un enfant était hissé sur la table, à qui le président disait : « Fébé é (la fève). » L'enfant répondait : « Domine. — Pour qui ? — Pour le Bon Dieu. »
La part était alors mise en réserve pour le pauvre qui venait la demander en chantant :

> *Honneur à la compagnie*
> *De cette maison*
> *A l'entrée de votre table,*
> *Nous vous saluons.*
> *Nous sommes venus d'un pays étrange*
> *Dedans ces lieux ;*
> *C'est pour vous faire la demande*
> *De la part à Dieu.*

Le chant se terminait par :

> *Les Rois ! Les Rois ! Dieu vous conserve*
> *A l'entrée de votre souper.*
> *S'il y a quelque part de galette,*
> *Je vous prie de nous la donner,*
> *Puis nous accorderons nos voix,*
> *Bergers, bergères,*
> *Puis nous accorderons nos voix,*
> *Sur nos hautbois.*

A TRAVERS NOS RÉGIONS

— Janvier ne veut pas voir pisser un rat (Limousin)
— Si le soir du jour des rois
Beaucoup d'étoiles au ciel tu vois
Sécheresse en été tu auras
Et cerfs nombreux au poulailler (Savoie)
— Dieu te garde d'un bon janvier (Corse)
— Si le crapaud chante en janvier, serre ta paille, métayer (Ariège)
— Le vent du Jour de l'An existe moitié de l'an (Marne)

Lozère

— Pluie de janvier, cherté, brouillards, maladie mortelle
— Janvier fait souvent la faute et elle est reprochée à mars

Nord

— A la Saint-Sébastien, l'hiver reprend ou se casse les dents
— Premier de l'an beau, août chaud

— A la Saint-Paul, l'hiver s'en va ou se recolle (Nièvre)
— A la Saint-Vincent, claire journée vous annonce une bonne année (Meuse)
— Il vaut mieux voir un voleur dans son grenier qu'un laboureur en chemise en janvier (Indre)
— Garde un écu complet pour le mois de janvier (Hérault)

— Belle journée aux Rois, l'orge vient sur les toits (Vosges)

Landes

— De Saint-Paul la claire journée nous dénote une bonne année
— Janvier et février remplissent ou vident les greniers
— De Saint-Paul les brouillards tuent de toutes parts

— A la Saint-Paul l'hiver se rompt le cou ou pour quatre jours se renoue (Médoc)
— Fleurs de janvier ne vont pas dans le papier (Ardèche)
— Saint-Pierre et Saint-Paul pluvieux pour trente jours sont dangereux (Eure)
— Les douze premiers jours de janvier sont les douze mois de l'année (Pyrénées)

Poitou-Charentes

— Au premier de l'an, fais deux crêpes pour avoir de l'argent
— Soleil au jour des Rois, beaucoup de chaume au toit
— Beau à la Saint-Guillaume (10) plus de blé que de chaume
— Neige de Saint-Hilaire (13), froid tout l'hiver
— A la Saint-Antoine (17) sème ta salade
— Le jour de la Saint-Vincent (21), si le soleil fait le tour du cep, vin tu auras

— Saint-Vincent clair, beaucoup de vin ; Saint-Vincent couvert, pas de pain
— Saint-Vincent clair et beau il y a du vin comme de l'eau
— Jour de l'an brillant (ensoleillé), année à glands
— Belle journée aux Rois, l'orge vient sur les toits

Bretagne - Pays de Loire
— Janvier sec et beau remplit cuves et tonneaux
— Neige en janvier vaut du fumier
— Janvier de pluie est-il riche, il fait le paysan riche
— Mieux vaut chien enragé que soleil en janvier
— Janvier sec et sage est de bon présage
— Gelées en janvier, blé dans le grenier
— Pluie de janvier remplit fossés mais dessèche essarts (un essart est une terre que l'on a déboisée pour s'y livrer à la culture)
— A la Saint-Bernard (23), l'hiver s'en va ou aiguise son dard

SAINT VINCENT DES VIGNERONS
(22 janvier)

Il s'agit là de saint Vincent de Saragosse, diacre et martyr qui vivait au début du IVe siècle. On ne sait comment ni pourquoi il a été choisi comme protecteur de la vigne et du vin dans les contrées de Champagne et de l'Ile-de-France. On peut seulement constater que dès le Moyen Age plusieurs jours de l'année liturgique lui sont spécialement consacrés : le 22 janvier est la date de son martyre, le 29 en est l'octave ; le 23 octobre, ailleurs le 26, sont réservés à la Translation de ses reliques. Il est question de cette protection vinicole dès le début du XVIe siècle, mais il est fort probable qu'elle remonte bien plus haut dans le temps. Un certain nombre de cérémonies rituelles se faisaient ce jour-là, et, pour populaires qu'elles fussent, ce n'était pas toujours et systématiquement des « fêtes » au sens moderne du mot.

A Briollay (Maine-et-Loire), par exemple, la jeunesse du village va *planter le laurier* : clouer quelque branche sur l'huis des maisons vigneronnes en chantant quelque couplet. Le maître des lieux paie alors à boire aux garçons.

A Médan (Yvelines), on fêtait la Saint-Vincent durant trois jours : la *Saint-Serpe* était réservé aux hommes, la *Sainte-Serpette* aux femmes, et la *Saint-Serpillon* admettait en plus les enfants. Les vignerons plantaient dans l'église du lieu un pied de vigne de dix à vingt grappes, nommé *le bouquet de vendanges*, qui devait y sécher l'année durant.

A Crécy-en-Brie (Seine-et-Marne), les confrères de Saint-Vincent se rendaient au matin chez leur bâtonnier, gardien de la statue du saint, qu'ils devaient saluer en entrant ; l'oubli du salut valait au

contrevenant une belle volée de coups de pelle à senteler. On chantait en l'honneur des travailleurs de la vigne, et puis on allait processionnellement entendre la messe à l'église en portant la statue enguirlandée de feuillage. La messe dite, les vignerons entraient les uns chez les autres pour déguster les galettes aux raisins cuites pour la circonstance. Un grand banquet réunissait le soir tous les participants qui, pour la plupart, s'en retournaient ivres chez eux.
A Sézanne (Marne), il y avait deux quêtes; la première était celle des jeunes gens qui, avec le concours de deux violoneux, donnaient une aubade aux invités du repas de confrérie en mettant un numéro sur la porte de chacun d'eux; la seconde rassemblait les enfants qui frappaient le soir à la porte des vignerons, quêtant et chantant tout à la fois.
A Saint-Maurice-sous-les-Côtes (Meuse), chaque vigneron offrait au curé une bouteille de vin de messe, tandis qu'à Provins (Seine-et-Marne), on faisait une *promenade de Bacchus*, évoqué par un confrère aviné qu'on menait, couronné de pampre sur un tonneau, la chopine en main et braillant :

Non, non, non, Bacchus n'est pas mort
Car il vit encor,
Car il vit encor,
Encor.

Février

LE MOUILLÉ

C'est encore le grand sommeil de la nature. Ainsi que le chante le poète :

> *Janvier a passé (est mort)*
> *Février s'en vient*
> *Et dans le fossé*
> *Dort un petit chien.*

Ce mois, le dernier dans le calendrier de Romulus, marquait la fin de toutes choses. Il n'est pourtant pas le plus triste avec la Chandeleur et le Carnaval. Riche en fêtes et en cérémonies de toute sorte, le mois de février est le plus court de l'année, même lors des années bissextiles. Une légende bretonne affirme que s'il en est ainsi c'est que Février est un amoureux incorrigible, trousseur de jupons et coureur de filles. Et tandis qu'ainsi il « court la gueuse », Janvier et Mars, ses deux compères, lui ont volé chacun un jour ! Février était pourtant le mois de Junon, déesse que les Romains appelaient Februalis. De nombreux cultes étaient célébrés en son honneur. D'autres étymologistes tout aussi savants assurent que

ce mois a été baptisé ainsi à cause des sacrifices funèbres se déroulant durant ce mois et qu'on appelait *fébruales*.
Les Anciens représentaient Février sous les traits d'une femme vêtue d'une seule tunique relevée par une ceinture. Afin de signaler le caractère pluvieux de ce mois, on avait placé entre les mains de cette belle allégorie une cane, oiseau aquatique par excellence, ainsi qu'un vase d'où s'écoulait de l'eau en abondance. A ses pieds on voyait d'un côté un héron et de l'autre un poisson.
Un vieux dicton affirme :

> *Si tu veux avoir des dindons*
> *Mange des crêpes aux Brandons.*

Le dimanche des Brandons désigne le premier dimanche de carême. Ce jour-là, en maintes provinces, en maints pays, il est d'usage que la jeunesse allume sur la place du village des « brandons » ou quenouilles de paille (souvent de seigle, comme dans la vallée de la Seille) imprégnées de matières graisseuses ou huileuses, et puis s'en aille courant dans les vergers. Cette cérémonie folklorique, dans le meilleur sens du terme, procède d'un rituel qui a pour but la protection des arbres à fruits contre les ravages des chenilles.
La première crêpe, donnée aux poules (par exemple), comme cela se pratiquait encore avant la dernière (?) « grande guerre » à Vaux-sur-Lunain (Seine-et-Marne) est une survivance du paganisme (dans le jargon

chrétien) ; il convient alors de sacrifier aux dieux protecteurs des volailles.

Les beignets frits dans l'huile ou la graisse se nomment *neuhattes* dans les Vosges, *chache-creupé* au Pays messin, *bernouilles* à Faux-Fresnay (Marne), *faverolles* à Sainte-Menehould (Marne), *fantaisies* dans l'Auxois, *bugnes* en Forez et en Roannais, *brefets* dans le Chablais, *oreillettes* à Chorges (Hautes-Alpes), *cruspets* en Chalosse, *cornions* en Angoumois, *pastoures* à Navarrenx (Pyrénées-Atlantiques), *agulhets* en Périgord, *merveilles* en Aunis et Saintonge, *tourtisseaux* en Poitou, *bottereaux* dans le Choletois, *roussoles* en Touraine, *sanciaux* dans le Berry, *roussettes* en Blésois, *rondiaux* en Sologne, *bignons* en Bourbonnais. Ailleurs, on mange des *gaufres,* qu'on nomme au Moyen Age *pains ferrés*, et dont on connaît moult sortes.

En maints endroits, on fabrique des pâtisseries, toutes délicieuses, ou des carrés de pâte découpés. A cette sorte appartiennent les *raviolis* du comté de Nice, les *vitelots* des Ardennes, et les *crozets*, dont on fait une soupe fort appréciée au bourg d'Allemont (Isère).

Quant aux *coqueluches* de Troyon (Meuse), ce sont des petits gâteaux durs qu'on offre aux parents, aux voisins, aux visiteurs, du Jeudi Gras au Mercredi des Cendres. Une vieille croyance assure qu'en les dégustant on se protégera de la piqûre des moustiques...

Les *simonnets*, gâteaux de carême offerts à Reims (Marne) et les *counés* de Saint-Mihiel

(Meuse) complètent l'étonnante palette gustative de nos vieilles provinces.

Savoie

— Si le soleil rit à la Sainte-Eulalie (12) pommes et cidre à la folie
— Eau qui court à la Sainte-Agathe (5) mettra du lait dans la baratte
— Pluie de février remplit le grenier

Poitou-Charentes

— En février deux jours ne doivent pas se ressembler
— Au Mardi Gras, si les noyers sont mouillés, il y aura des noix
— Pluie de février vaut jus de fumier
— S'il tonne en février, montez vos tonneaux au grenier
— Neige de février est de l'eau dans un panier
— En février petites veillées, en mars couche-toi mon gars
— A la mi-février le serpent sort du rocher
— Mardi Gras sans lune met les prunes en tas
— Étrennes d'honneur durent jusqu'à la Chandeleur
— Le 2 février soleil, encore quarante jours d'hiver
— Saint-Blaise serein (3), bon temps pour le grain
— A la Sainte-Agathe, si j'te trouve dans mon pré, j'te fous une tape

— Sème tes poireaux à la Sainte-Agathe, pour un brin t'en auras quatre
— A la Saint-Florent (23), l'hiver s'en va ou reprend
— Mieux vaut voir loup dans son foyer qu'homme en chemise en février
— En février les fossés pleins, et les greniers de grains
— S'il tonne en février, jette les fûts sur le fumier

Bretagne - Pays de Loire
— Neige de février, blé au grenier
— S'il tonne en février, point de vin au cellier
— Février le doux le plus beau ou le pis d'entre tous
— Février trop doux, printemps en courroux
— Février entre tous les mois le plus court et le moins courtois
— Souvent à la Chandeleur (2) l'hiver reprend vigueur
— Au lendemain de Saint-Blaise (3) souvent l'hiver s'apaise
— A la Saint-Mathias les « vlins » sortent des « has »

— Lune quand tu verras, nouvelle le Mardi Gras, force tonnerre tu entendras (Aveyron)
— Bel avoine de février donne espérance au grenier (Calvados)
— Chandeleur claire laisse l'hiver derrière (Cantal)

— Si février ne fevrotte (pousser les fèves)
Mars marmotte (froid comme l'hiver)
(Alpes-Maritimes)
— Pluie de février, c'est du fumier (Haute-Garonne)
— Février emplit le fossé, mars le dessèche, avril le met à la règle (Gard)
— Quoique court, février est le plus méchant de tous (Basses-Alpes)
— A la Sainte-Agathe si l'eau coule dans le ruisseau le lait coule dans la chaudière (Basses-Alpes)
— Fleur de février ne va pas au pommier (Loire)

Aveyron

— Huit jours de neige c'est fumure, huit au-delà c'est pourriture
— Année neigeuse, année fructueuse
— Lune nouvelle à Mardi gras, force tonnerre tu entendras

— Quand il pleut sur la chandelle (Chandeleur), il pleut sur la javelle (les blés en juillet) (Beauce)
— Tonnerre en février, été avarié (Alsace)
— Neige qui tombe en février, la poule l'emporte avec son pied (Basses-Pyrénées)

Lozère

— Si février ne vomit pas ses fièvres, le vent souffle l'année durant

— Pluies de février valent purin doré
— Neige de février met en belle humeur l'usurier

— Si février est beau, tout le mois de mars en pâtit (Lot-et-Garonne)
— A la Chandeleur, cesse de filer, mets ton rouet derrière la porte et tire la charrue (Haut-Rhin)
— A la Saint-Simon la neige aux tisons (Vosges)

Oise

— La Chandeleur, grandes douleurs
— Quand le soleil luit à la Chandelle (Chandeleur) croyez qu'encore hiver aurez

Mars

L'EMBELLIE

Romulus, le fondateur de Rome, avait fait de ce mois le premier de l'année, qui était alors divisée en dix. C'est Numa Pompilius qui le plaça à la troisième position dans le calendrier, en fixant le commencement de l'année au 1er janvier. Pourtant, jusqu'à l'an 1564, en France, on avait coutume de débuter l'année à Pâques, plus précisément le Samedi saint, après la bénédiction du cierge pascal. Certaines années c'est la date de l'Annonciation, le 25, qui fut choisie comme « Premier Jour ».
Mars, dont le nom évoque le dieu de la guerre, était chez les Romains placé sous la protection de Minerve. C'est aux calendes de mars qu'on allumait le feu nouveau sur l'autel de Vesta, déesse du foyer.
Mars fut longtemps personnifié par un homme vêtu d'une peau de louve, animal consacré au dieu Mars. Il était souvent accompagné d'un bouc pétulant, d'une hirondelle gazouillante et d'une amphore pleine de lait.
L'ensemble symbolisait le recommencement

de la nature et l'arrivée du printemps. Deux grandes fêtes religieuses sont souvent célébrées en mars :
L'Annonciation, faite à Marie par l'ange Gabriel, qu'elle concevrait le fils de Dieu. C'est cette fête qu'on appelle aussi Notre-Dame de Mars et sur laquelle saint Augustin fit deux sermons restés célèbres.
La fête des Rameaux tient son nom de l'usage établi au cours des premiers siècles de porter en procession pendant l'office des palmes ou des rameaux d'arbres. C'est le buis qui a le privilège de cette fête. A Limoges (Haute-Vienne) devant l'église Saint-Michel, tout en haut de la rue du Clocher-des-Marchands, le dimanche des Rameaux, sont proposées aux fidèles de véritables œuvres d'art composées de buis ou de palmes tressées ornés de pâtisserie.
A Nice, seules les palmes tressées ont droit de cité à l'entrée des églises ce jour-là. La fête des Rameaux rappelle l'entrée triomphale du Christ à Jérusalem, huit jours avant la Pâque. Les habitants, avertis, vinrent étendre des vêtements sous ses pas et l'accompagnèrent jusqu'au temple en brandissant des branches de palmier. C'est sans doute à cause de ce souvenir que le dimanche des Rameaux est aussi appelé Pâques fleuries. La bénédiction des rameaux était déjà en usage dans les Gaules. Le dimanche des Rameaux est aussi connu sous le nom de *Capitila vium*. Ce jour-là on lavait la tête des catéchumènes venus demander à l'évêque la grâce du baptême.

Ain

— Mars sec, mai mouillé
— Bise de mars et vent d'avril font la richesse du pays

Corse

— Mars pluvieux, lin pour les femmes
— Mars sec, c'est du blé partout

— Bien va la tonne (le tonnerre) quand mars la sonne (Haute-Garonne)
— Mars aride, avril humide (Gers)
— Mars venteux, avril et mai pluvieux, juin radieux, le laboureur est sûr de manger une bonne soupe (Gironde)
— S'il gèle le 25, les prairies diminuent d'un quart (Loir-et-Cher)
— Mars sec, avril humide, mai chaud, temps à souhait (Aube)
— Hâle de mars, pluie d'avril et rosées de mai remplissent le grenier (Creuse)
— Neige de mars vaut un porc (Loire)
— S'il gèle à Notre-Dame de mars, chaque mois en aura sa part (Loiret)
— Pâques pluvieux, blé graineux (Doubs)
— Pluie à Mardi gras, huile pour la salade (huile de noix) (Haute-Vienne)
— Plus les rivières s'enflent en mars, plus les chenevières (plantation de chanvre) croissent (Lozère)
— Tonnerre en mars, pain et vin en toutes parts (Lot-et-Garonne)

— Quand mars entre comme un mouton il sort comme un lion (Nord)
— De la gaieté, vigneron, vide vingt fois ton verre, lorsque les pluies en mars inonderont la terre (Nièvre)

Haut-Rhin

— Le laboureur aime voir la poussière de mars
— Poussière de mars, feuille d'avril et flaques de mai sont trois bonnes choses

— Mars aride, avril humide, mai entre froid et pluvieux présagent l'an fructueux (Meuse)
— Quand il gèle en mars, autant de fois il gèlera en mai (Orne)
— Tonnerre de mars, gelée d'avril (Hérault)
— Tel mars, tel août (Loire-Atlantique)

Bretagne - Pays de Loire

— Mars aride, mai pluvieux,
Fait l'an plantureux
Mars venteux, vergers pommeux,
Mars nuageux, été pluvieux
— A la Saint-Guendé (4), au taureau ferme le pré
— Carnaval sec, Pâques crotté :
La huche est pleine à déborder
S'il gèle le 25 mars, pas de grain ni de vin
— Gelée le jour de Saint-Rupert (26), le vigneron sait ce qu'il perd

— Mars sec et chaud remplit cuves et tonneaux
— Quand en mars beaucoup il tonne, apprête cercles et tonnes
— Si des rivières débordent en mars, elles déborderont tous les mois de l'année
— Mars pluvieux, an disetteux
— Le dimanche des Rameaux, compte tes œufs ; le dimanche de Pâques casse-les en deux ; le dimanche de Quasimodo, brise tes vieux pots
— Pluie de mars ne vaut pas pisse de renard
— Autant de brouillard en mars, autant de gelée en mai
— Tout dégel sans « plée » ne vaut pas pie écorchée

— Pluie de mars, fumier de chat (Calvados)
— Fleur de mars, guère de fruits ne mangeras (Cantal)

Poitou-Charentes

— Plante tes melons en mars, moi en mai j'en aurai bien avant toué
— Taille tôt, taille tard mais taille en mars
— Si mars fait l'avril, avril fera le mars
— Pluie de mars grandit l'herbette, mais souvent annonce disette
— Pluie de mars n'engraisse ni oies ni jars
— Mars venteux, pommiers plantureux
— Ce que mars couve, on ne le sait qu'après son trente et unième jour

— En mars la verdure est de mauvais augure
— Soit au début, soit à la fin, mars nous montre son venin
— En mars vent fou ou pluie, chacun veillera sur lui
— Tonnerre en mars, le paysan dit hélas !
— Sème tes pois à la Saint-Patrice (17) tu en auras à ton caprice
— A la Saint-Joseph (19) sème tes pois
— Après le 25 mars n'abats plus le bois
— A Notre-Dame de Salut, si le coucou n'est pas rendu (arrivé) il est perdu
— Autant de temps les grenouilles chantent avant la Notre-Dame de mars, autant elles retardent après
— Pâques pluvieux, Saint-Jean farineux
— Le vent qui souffle le jour des Rameaux est le vent dominant de l'année
— Mieux vaut rencontrer un loup en chemin qu'une femme nu-bras au mois de mars
— Neige de mars, gelée en avril

Bouches-du-Rhône

— Pluie de mars ne profite pas
— Mars venteux, avril rosineux ; mai poudreux, riches laboureux

Avril

LE FLEURI

Les savants disent que le nom de ce mois viendrait du latin *aperire*, qui signifie ouvrir. Car c'est le moment de l'année, disent-ils, où la terre ouvre son sein et se pare de fleurs. Les Romains l'avaient consacré à Vénus et ils le symbolisaient par le dessin d'un homme semblant danser au son d'une musette. Les Grecs, eux, l'avaient dédié à Apollon mais, comme chacun sait, seuls les poètes ont toujours raison, et depuis la nuit des temps avril est pour eux synonyme de printemps. Avril est souvent le mois de la fête de Pâques. Pâques qui signifie *passage* fut institué par Moïse en mémoire du passage de l'ange qui extermina les premiers nés des Égyptiens. Voici comment fut célébrée la première Pâque juive en Égypte : le dixième jour du premier mois du printemps (avril), que les Hébreux appelaient *misan*, chaque famille ayant choisi un agneau mâle sans défaut le gardait jusqu'au soir du quatorzième jour, où l'agneau était alors égorgé. Après le coucher du soleil, il était rôti et mangé la nuit suivante, accompagné

de pain sans levain et de laitues amères.
La Pâque chrétienne, aussi vieille que le christianisme, puisqu'elle fut instituée au temps des Apôtres, est célébrée en mémoire de la résurrection de Jésus.
Au XIXe siècle encore, dans de nombreuses provinces de France, à l'issue de l'office des Ténèbres, des enfants sortaient de l'église et parcouraient les rues en agitant fortement des crécelles et en frappant fortement sur les portes des habitations avec des mailloches de bois. L'origine de cette tradition est demeurée obscure. Certains voient dans ce bruit une imitation du déchirement du voile du temple de Jérusalem, ainsi que l'expression du désordre de la nature dans ce moment de deuil.
C'est peut-être aux Phéniciens, qui adoraient le Créateur sous la forme d'un œuf, que nous devons les fameux œufs de Pâques. Dans la croyance des Phéniciens, la nuit — principe de toutes choses — avait engendré un œuf, d'où étaient sortis l'Amour et le genre humain. Et comme vers Pâques le soleil arrive sur l'équateur, nous quittons les longues nuits : l'œuf primitif se brise et le genre humain renaît. Jolie croyance, qui ne doit pourtant pas nous faire oublier qu'avril est aussi et surtout le mois du poisson du même nom.
L'origine du Poisson d'Avril est fort hasardeuse. Racontons donc ici les trois versions les plus souvent données de cette délicieuse coutume, hélas ! aujourd'hui un peu négligée.

Une origine historique tout d'abord, avec l'épisode de l'évasion de François, duc de Lorraine, que Louis XIII retenait prisonnier au château de Nancy. Le duc parvint à se sauver le 1er avril en passant la rivière à la nage. Ce qui fit dire aux Lorrains que c'était un poisson qu'on leur avait donné à garder.
Une autre source, chrétienne celle-là, affirme que la coutume du Poisson d'Avril serait bien plus ancienne. Comme ce jour-là on s'amuse à faire courir les niais et les innocents de-ci de-là pour des motifs futiles — clef du champ de tir ou corde à faire virer le vent — les amusements du Premier Avril ne seraient qu'une parodie burlesque des démarches que l'on fit faire à Jésus au commencement de ce mois en le renvoyant d'Anne à Caïphe, de Caïphe à Pilate, de Pilate à Hérode et de Hérode à Pilate. Le mot poisson ne serait alors qu'une déformation du mot passion. Hum !
La troisième version reste la plus plausible et figure d'ailleurs en bonne place dans le *Dictionnaire du Gai Parler*, paru sous la plume des mêmes auteurs, chez Mengès, éditeur à Paris. La voici : En 1564, Charles IX voulut faire commencer l'année au Premier Janvier et distribuer à cette date des étrennes. Dépouillé de son rôle primordial, le 1er avril ne devint plus qu'une parodie amusante des étrennes et des cadeaux simulés. Quant au poisson, c'est tout simplement qu'en cette période de l'année nous venons tout juste de quitter le signe zodiacal des Poissons !

Bretagne - Pays de Loire

— Aux Rameaux, si le vent est en galerne, perce ton fût avec une alène
— Pâques « pluvinou », sacs « farinou »
— A la Saint-Georges, sème ton orge, à la Saint-Marc il est trop tard
— Pluie d'avril emplit granges et fenils
— Corbeaux d'avril, corbeaux d'Avent apportent autant de pluie que de vent
— Quand avril est froid et pluvieux, les mois n'en vont que mieux
— A la Saint-Marc, la collation aux champs
— S'il pleut à la Saint-Georges (23), ni prunes, ni orge
— A la Saint-Marc (25), s'il tombe de l'eau il n'y aura pas de fruits à couteau
— Ne crois pas que l'hiver soit passé de retour quand la lune d'avril n'a pas fini son tour
— Avril frais, mai chaud emplit le grenier jusqu'en haut
— Pluie de Saint-Georges (23) coupe aux cerises la gorge
— S'il tonne en avril, prépare ton baril
— Avril pluvieux, an fructueux

Poitou-Charentes

— Avril froid et pluvieux, les moissons n'en vont que mieux
— Si le papillon vole en avril, garde tes chaussures et tes gants
— En avril ne te découvre pas d'un fil, en mai fais ce qu'il te plaît

— En avril petit sommeil, en mai encore moins, en juin pas du tout
— O y a pas de Pâques sans merluchon
— Pas de pêche la Semaine sainte
— Carnaval crotté Pâques mouillées, le coffre sera comblé
— Si la gelée du Vendredi saint ne fait pas de mal, les suivantes non plus
— Semaine sainte est toujours mouillée et venteuse
— Il ne faut pas labourer la terre le jour du Vendredi saint parce qu'elle saigne
— Œuf pondu le Vendredi saint se conserve frais l'an durant
— Avril le doux, quand il se fâche est pire que tout
— Avril frais et mai chaud, on pourra faire des crêpes et du vin chaud
— Quand Saint-Marc n'est pas beau, peu de fruits à noyaux
— Pâques de bonne heure, année tardive
— D'où vient le vent le Jour des Rameaux pendant la messe le restera les trois quarts de l'année
— Qui fait sa lessive la Semaine sainte fait bouillir son linceul
— Nuit des Rameaux sans lune donne prunes
— Avril, le coucou chantant un jour mouillé, l'autre sec, fait le printemps
— Si le coucou n'est pas là le 3, sa femme est malade (comme l'année)
— Saint-Sixte (6) venteux, le bois sera cher toute l'année

— Quand il pleut le jour de la Saint-Georges les cerises lui restent dans la gorge
— Pluie de Saint-Georges, sur cent cerises il en reste quatorze
— 1er avril, faut que le pinson boive au buisson

Bouches-du-Rhône

— Boues en avril, épis en été
— Avril frais donne pain et vin, si mai est froid il moissonne tout

— Pluie d'avril fou (fumier) de brebis (Calvados)
— Quand il gèle les jours de Saint-Georges, Saint-Marc et Saint-Robert, la récolte sera mauvaise (Corrèze)
— Tonnerre d'avril rejoint le laboureur (Eure-et-Loir)
— Pluie d'avril, sécheresse d'été (Aveyron)

— En avril nuée, en mai rosée (Côte-d'Or)
— Avril venteux rend le laboureur joyeux (Alpes-Maritimes)
— Avril remplit le baril et mai le cellier (Gers)

Ardennes

— Pluie d'avril vaut fumier ou purin de brebis

— Pâques en avril rend heureuses mouches et brebis
— Pâques pluvieuses, souvent fromenteuses

— S'il pleut le Vendredi saint, la gelée n'a plus de pouvoir (Loir-et-Cher)
— Avril plaît aux hommes, mai aux bêtes (Haute-Savoie)
— S'il n'y avait ni seigneur ni mois d'avril sur terre, il n'y aurait jamais ni famine ni guerre (Hautes-Alpes)
— S'il pleut à Pâques, il y a de la paille sur l'aire (Gard)
— Que mars veuille ou non, il faut qu'avril feuille (Drôme)
— Si le jour des Rameaux le vent vient du Levant, on dit qu'il vient des quatre boisseaux (Marne)
— S'il pleut le jour de Saint-Georges il n'y aura ni cerises ni cormes (Maine-et-Loire)
— Tonnerre d'avril réjouit le pauvre (Manche)

Lozère

— Avril pluvieux mai venteux ne rendent pas les pays disetteux
— Quand avril se met en fureur, il n'est pas de pire mois dans l'année
— Le vent que l'on bénit le jour des Rameaux règne le plus souvent pendant l'année
— Pâques en avril, mort à femmes et à brebis (Nord)

— Gelée d'avril ou de mai misère nous prédit vrai (Nièvre)
— Pas n'est avril si beau que le berger ne voie tomber la neige sur son chapeau (Haut-Rhin)
— Fleur d'avril tient par un fil (Haute-Loire)
— Doux avril, chaud mai (Indre)
— Froid avril et chaud mai mettent le pain dans la main (Haute-Marne)
— La gelée du Jeudi saint gèle le sarrazin, celle du Vendredi saint le pain et le vin (Haute-Savoie)
— Avril entrant comme un agneau s'en retourne comme un taureau (Oise)
— A la Saint-Georges l'épi est dans la gorge (Orne)
— Qui va voir la récolte au mois d'avril s'en revient plus mort que vif ; qui la visite en mai s'en revient le cœur gai (Isère)
— Pour que les rats ne mangent pas le raisin, il faut tailler la vigne le Vendredi saint (Dauphiné)
— Gras avril et chaud mai amènent grain au balai (Loire-Atlantique)
— Entre Georget et Marquet (Saint-Georges et Saint-Marc) un jour l'hiver se met (Loire-Atlantique)
— Pâques tard, hiver tard (Vosges)
— Le jour de Saint-Vincent, si le soleil luit comme un chapeau, on aura du vin plein le tonneau (Meurthe-et-Moselle)

TOUJOURS LE SAMEDI

Dans de nombreuses régions de France, on a coutume d'affirmer « qu'il n'y a jamais de samedi sans soleil ».
La tradition, raconte-t-on en Vendée, serait venue du fait que Marie, mère de Jésus, avait l'habitude de faire sa lessive le samedi. Alors le Bon Dieu (ou son fils ?) décida de lui accorder chaque samedi quelques heures au moins de soleil pour que le linge sèche vite et mieux.

Mai

LE JOLI

Voici le mois des douceurs... et des dernières gelées que nous apportent les fameux Saints de glace : Saint-Mamert, Saint-Pancrace et Saint-Gervais. Troisième dans le calendrier de Romulus, Mai selon certains était dédié aux sénateurs de Rome, qu'on appelait *majores*. D'autres au contraire affirment que ce mois tire son nom de la déesse Maïa, fille d'Atlas et mère de Mercure. Quelle que soit son origine, Mai est placé sous la protection d'Apollon. On le personnifie souvent sous les traits d'un homme entre deux âges, vêtu d'une robe ample à grandes manches et portant une corbeille de fleurs sur la tête. A ses pieds, un paon étale sa queue, parée des mille yeux aux brillantes couleurs.
Jusqu'au début du siècle, dans de nombreuses régions de France on avait coutume de planter en ce mois, devant la demeure des personnes occupant des fonctions ou un rang élevés, un arbre ou un gros rameau de verdure appelé *arbre de Mai*. A Paris, les clercs de la basoche avaient le privilège de couper dans le bois de Vincennes un arbre qu'ils allaient ensuite

planter avec solennité dans la cour du Palais de Justice.

Tradition ? Superstition ? La coutume en est bien établie de nos jours encore : les mariages contractés en mai connaissent un destin funeste. Un dicton affirme même : « Noces de mai, noces mortelles. » Ovide, dans ses *Fastes*, dit : « Que les vierges ou les veuves se gardent bien d'allumer dans le mois de mai les flambeaux de l'hyménée : ils se changeraient bientôt en torches funèbres. » Romulus avait enfin fixé en mai la Fête des lémuriennes, destinée à délivrer de l'ombre plaintive son frère assassiné.

C'est aussi en ce mois qu'ont lieu les Rogations. Ces prières publiques se font trois jours avant l'Ascension et ont pour but de demander à Dieu de conserver les biens de la terre, ainsi que d'éloigner les fléaux et les malheurs.

Ce serait saint Mamert, évêque de Vienne, en Dauphiné, qui les aurait instituées à la fin de la seconde moitié du Ve siècle. Le prélat exhorta les fidèles à prier, à faire des processions et des pénitences de trois jours afin d'obtenir la fin des tremblements de terre, des incendies et des ravages des bêtes sauvages, qui désolaient alors la région. Par la suite les Rogations se poursuivirent pour se préserver de pareilles calamités jusqu'en Espagne et en Italie.

Mai est aussi le mois de l'Ascension. A Rouen, jadis, et dans ses environs, au temps du roi Dagobert, il arriva que saint Romain délivra le pays d'un terrible dragon. Le saint évêque s'était fait accompagner dans son expédition par un condamné à mort, à qui on rendit la liberté après la victoire sur le dragon. Dagobert décida que pareille grâce serait accordée annuellement au prisonnier que les autorités en jugeraient digne. Le jour de l'Ascension, l'orgue retentissait dans l'église illuminée de tous ses flambeaux. Le clergé se rendait en procession sur la place de la Vieille Tour, au son des clairons et des hautbois. Là, un théâtre de pierre portait la châsse de saint Romain. Le prisonnier devait s'y confesser et recevoir l'absolution. Il soulevait par trois fois la châsse du saint, tandis que le peuple criait à chaque fois : « Noël ! » La procession reprenait alors sa marche vers l'église en chantant le Cantique de Lactance, et le prisonnier, la tête couverte de fleurs, suivait la châsse, à laquelle étaient attachés ses fers. Pendant l'office, il demandait pardon à tous les membres du Chapitre puis se présentait à la maison du prince de la Confrérie de Saint-Romain, où il était magnifiquement traité. Le lendemain, reconduit au Chapitre, on lui faisait des remontrances sur sa vie passée (c'est sans doute de cette tradition qu'est née l'expression « chapitrer quelqu'un ») et le prisonnier était enfin déclaré libre. Cette fête eut lieu sans interruption jusqu'à la fin du XVIIIe siècle. Elle mériterait bien d'être reprise de nos jours.

Il exista aussi après 1789 la tradition de l'Arbre de la liberté, planté sur toutes les places publiques de nos villages. Il était planté le 21 du mois, rappelant ainsi la fête romaine du *Regifugium* (l'expulsion des rois) instituée par Romulus en mémoire du bannissement des Tarquins. Il s'agissait souvent d'un peuplier. Aujourd'hui, l'arbre de Mai de nos jardins est l'aubépine rose, qui y fleurit si joliment en ce mois. C'est en mai que le soleil passe dans notre hémisphère, débutant ainsi ce que le poète appelle ses noces de joie avec la terre nourricière. Celle-ci, dans sa joie, se couronne des plus tendres et des plus blanches de ses fleurs : muguet, narcisse, lis, jasmin y embaument. Mai est le mois des abeilles et du rossignol. Cet oiseau d'Orphée emplit les bois de son chant nocturne. Mai fini, il se tait.

— Rosée de mai gâte tout ou ranime tout (Bouches-du-Rhône)
— Dieu nous garde de la poussière de mai et de la fange d'août (Corrèze)

Ain

— Boue en mai, épis en août
— Avant la Pentecôte ne découvre tes côtes

— Mai pluvieux, peu d'orge et point de blé (Corse)
— La Pentecôte donne les foins ou les ôte (Côte-d'Or)
— Que Saint-Urbain ne soit passé le vigneron n'est pas assuré (Alpes-Maritimes)

— Frais mai, chaud juin, amènent pain et vin (Ardennes)
— S'il pleut le jour de la Saint-Jean chaude (6 mai), les biens de la terre dépérissent jusqu'à l'autre (24 juin) (Loir-et-Cher)
— Quand il pleut le premier mai, les vaches perdent la moitié de leur lait (Haute-Saône)
— Mai fait ou défait (Ardèche)
— Rosée de mai fait tout beau ou tout laid (Gard)
— Si vous semez fèves aux Rogations soyez certains qu'elles se rouilleront (Loire)
— Quand le raisin naît en mai il faut s'attendre à du mauvais (Drôme)
— En mai froid élargis ton grenier ; avril fait la fleur, mai en a l'honneur (Basses-Pyrénées)

Marne

— Chaud mai, frais juin donnent pain et vin
— Du mois de mai la chaleur de tout l'an fait la valeur
— Tonnerre en mai, pas de moisson (Manche)
— Chaude et douce pluie de mai fait belle fleur et riche épi (Lozère)
— Bourgeon de mai remplit le chai (Lot-et-Garonne)
— Urbinet (Saint-Urbin) est le pire de tous quand il s'y met, car il casse le robinet (Lot-et-Garonne)
— Quand il pleut la première nuit de mai, il n'y a point de cerises (Nord)
— Rosée de mai vaut chariot de roi (Nièvre)

Meuse

— En mai rosée, en mars grésil, pluie abondante au mois d'avril, le laboureur est plus content que s'il trouvait beaucoup d'argent
— Après la Saint-Urbin, ce qui reste appartient au vilain
— Saint-Urbin, dernier marchand de vin
— S'il pleut le jour de l'Ascension, c'est comme du poison (Indre)
— A l'Ascension, le dernier frisson (Jura)

Mayenne

— L'orage avant l'Ascension n'amène que « quesson » (plaintes)
— Tel sacre (Fête-Dieu), tel battre
— Quand il pleut le jour de la Saint-Philippe, il ne faut ni tonneau ni pipe

Bretagne - Pays de Loire

— Pluie de mai détruit l'avoine, pluie de juin la sauve
— A l'Ascension tonds les moutons
— Si le commun peuple dit vrai, mauvaise femme s'épouse en mai
— S'il pleut à l'Ascension, tout dépérit jusqu'à sa moisson
— Fraîcheur et rosée de mai, vin à la vigne et foin au pré
— Au mois de mai, le seigle saute par-dessus la haie
— De mai, chaude et douce pluie fait briller fleurs et riches épis

Poitou-Charentes

— Saint-Didier ramasse tout dans son devantier
— Au mois de mai faudrait qu'il ne plût jamais
— Gelée dans le mois de mai prédit misère au vrai
— Mai en rosée abondant rend le paysan content
— Pendant tout le mois de mai, bats pas ta femme, il t'en cuirait
— Eau de mai tue le porc d'une année
— Mai froid n'enrichit, mai doux marie le laboureur et sa fille (l'enrichit)
— Mai ne comble pas les greniers
— Qui tond en mai ne tond jamais (les moutons)
— En mai les chats mangent les petits
— Vent de midi (sud) en mai brûle la fleur des pommiers
— Vilain mois de mai, quand t'en iras-tu
Annoncer le glas de la lune rousse
Qui brûle, ô ma fleur, ta timide pousse.
Vilain mois de mai de givre vêtu ?
— Œufs pondus et couvés en mai donnent de bonnes pondeuses
— Au mois de mai, va voir si le blé est né ; s'il ne l'est pas, resème-le, il sera bien portant
— S'il pleut la première nuit de mai, il n'y aura pas de cerises
— Qui sème les haricots à la Saint-Didier (23) les arrachera à poignées

Et enfin (toujours en Saintonge) :
Joli mois de mai, quand reviendras,
Faire pousser de l'herbe, faire pousser
[de l'herbe
Joli mois de mai, quand reviendras-tu
Faire pousser de l'herbe pour torcher
[mon... cul ?

LUNE ROUSSE

— Lune rousse, vide bourse (Bretagne)
— Récolte n'est arrivée que la lune rousse
ne soit passée (Charente)

Juin

LE FRUITEUX

La tradition veut que ce mois soit celui de Junon. Pourtant le Junius des Romains a été, selon certains, dédié à Hébé, déesse de la jeunesse, ou encore à Junius Brutus, fondateur de la liberté romaine. Mais, quoi qu'il en soit, juin est pour les jardiniers le plus beau de l'année. Nous rejoignons en cela le poète Ausone, affirmant : « Juin s'avance dépouillé de tout vêtement, du doigt il montre une horloge solaire, pour indiquer que le soleil commence à descendre. Il porte une torche ardente et flamboyante, pour marquer la chaleur de la saison qui donne la maturité aux fruits de la terre. Derrière lui est une faucille, ce qui rappelle qu'on commence en ce mois à se préparer à la moisson. Enfin on voit à ses pieds une corbeille remplie des plus beaux fruits qui viennent au printemps dans les pays chauds. »

Deux fêtes religieuses sont célébrées traditionnellement en ce mois de juin.

A la Trinité, célébrée en France dans le XVe siècle, on fait un office, pourtant composé dès 920 par Étienne, évêque de

Liège. Combattues en de nombreux pays c'est Jean XXIII qui le fit adopter définitivement. La Fête-Dieu, ou Fête du Saint Sacrement, a pour origine un rêve que fit en 1208 une jeune fille de seize ans nommée Julienne, religieuse hospitalière à Liège. Elle vit en songe la lune en son plein mais qui présentait une brèche. Vision qu'elle ne put expliquer que quelques années plus tard. Devenue prieure de la maison du Mont Cornillon, elle crut comprendre que si la lune était la symbolisation de l'Église, la brèche qui y manquait était sans aucun doute la Fête du Saint Sacrement ! Les théologiens acceptèrent l'explication, et la première Fête du Saint Sacrement eut lieu à Liège en 1246. Plus tard, Urbain IV l'étendit à toute l'Église. Les processions du Saint Sacrement sont demeurées célèbres, avec leurs autels couverts de fleurs et les traditions qui s'y attachèrent.
Mais la plus belle des fêtes païennes qui s'ouvrent en ce mois béni est sans doute celle de l'été, qui débute le 21.

— Pluie de juin n'est que fumée (Rhône)
— S'il pleut à la Saint-Médard, la récolte diminue d'un quart ; mais s'il fait beau à la Saint-Barnabé, celui-ci lui coupe le bec ou le pied (Cantal)
— S'il pleut le jour de la Trinité, la récolte est à moitié (Haute-Garonne)
— S'il pleut le jour de la Trinité, il pleut treize dimanches de suite (Aube)

— Juin larmoyeux rend le laboureur joyeux (Hautes-Alpes)
— Saint-Médard planteur de choux, mangeur de lard (Marne)
— S'il pleut à la Trinité, il faut deux liens sur trois pour le blé (Haut-Rhin)
— Pluie à la Saint-Jean d'été fait noisette noyer (Meuse)
— S'il tonne au mois de juin, année de paille et de foin (Indre)
— Quand il pleut à la Saint-Médard, si l'on ne boit du vin on mange du lard (Haute-Marne)
— Blés fleuris à la Saint-Barnabé, présage d'abondance et de qualité (Orne)
— Quand il fait du rouille (pluie) en juin cela fait mal au grain (Sarthe)
— S'il pleut le jour de Saint-Médard, le tiers des biens est au hasard (Mayenne)

Poitou-Charentes

— Qui pêche en juin pêche fretin
— Prépare autant de bons tonneaux qu'en juin tu compteras de jours beaux
— S'il pleut en juin mange ton pain
— Un pré est bien vaurien quand en juin il ne donne rien
— S'il tonne en juin, paille et foin
— Eau de juin ruine le meunier
— Le beau mois de juin change l'herbe rare en bon foin
— Quand il pleut à l'Ascension il manque d'eau à la saison
— Le temps qu'il fait le trois juin sera le temps du mois

— Quand il mouille le jour de la Saint-Médard, il mouille quarante jours plus tard
— Si Saint-Médard est pissard (pluvieux) il faut que Saint-Barnabé boive ce qu'il a pissé
— Si Médard et Barnabé, comme toujours,
Tiennent à se jouer des tours
Tu auras peut-être Saint-Gervais (19) ou Saint-Protais, frère de Saint-Gervais, qui le beau temps peut ramener
— A la Saint-Barnabé (11) la faux est au pré
— Saint-Antoine (13) clair et beau remplit cuves et tonneaux
— A la Saint-Jean, perdreaux volants
— Pluie de Saint-Jean dure longtemps
— Eau de Saint-Jean, peu de vin et pas de froment
— A la Saint-Jean les jours au plus long

Bretagne - Pays de Loire

— Pentecôte pluvieuse n'est pas avantageuse
— A la Saint-Potin sème le sarrazin
— Saint-Gervais quand il fait beau tire Saint-Médard de l'eau
— Pluie chaude en juin donne pain et vin
— Saint-Médard beau et serein promet abondance de grains
— A la Saint-Barnabé, fauche ton pré
— Au temps de la fenaison, dehors toute la maison
— Qu'on aille faner près ou loin, sur la fourche se fait le foin
— Saint-Jean (24) « faouchon », Saint-Pierre (29) « fanon » (Fauche à la Saint-Jean, fane à la Saint-Pierre)
— Noël et la Saint-Jean se partagent l'an

Juillet

LE GRAINEUX

Tout d'abord appelé Quirinalis, c'est Marc Antoine qui donna à ce mois son nom de Julius. Hommage à Jules César, né le 12 du mois. Ausone, le poète, représente Juillet sous les traits d'un homme nu dont le soleil a hâlé la peau et dont les cheveux roux sont entrelacés de tiges et d'épis. Au bras il porte un panier rempli de mûres. Chez les Romains, le premier jour de ce mois marquait la fin ou le renouvellement de tous les baux immobiliers. C'est aussi en juillet qu'avaient lieu les Jeux du Cirque, ceux de Neptune et les Apollinaires, ainsi que les Minervales. Au vingt-huitième jour de juillet on offrait à Cérès, déesse des moissons, un sacrifice de vin et de miel, complété par l'égorgement de quelques chiens roux offerts en tribut à la canicule dans l'espoir de détourner les trop fortes chaleurs ! C'est aussi en ce mois que chez les Grecs s'achevaient les Jeux Olympiques.

— S'il pleut à la Saint-Victor (11), la récolte n'est pas d'or (Hautes-Alpes)

— Au mois de juillet, la faucille au poignet (Jura)

Poitou-Charentes

— Lorsque vole bas l'aronde (l'hirondelle), attends alors que la pluie tombe
— La première gerbe chasse le coucou
— A la Madeleine (22) la noix est pleine, à la Saint-Laurent (10 août) on fouille dedans
— S'il pleut à la Sainte-Anne (26) il pleut un mois et une semaine
— Juillet sans orage famine au village

Bretagne

— Petite pluie du matin, en juillet, est bonne au vin
— Si juillet est beau, prépare tes tonneaux
— Récolte engrangée, récolte assurée
— A la mi-juillet, faucille aux sillons
— Vers la fin de juillet paysan coupe les blés
— A la Saint-Thomas les jours allongent d'un pas de jars (mâle de l'oie)
— Pluie matinale n'est pas journale (ne dure pas tout le jour)
— A la Sainte-Madeleine coupe ton « aveine »

— Qui veut bon navet le sème en juillet (Aveyron)
— S'il pleut le jour de Saint-Mayeux, les cerises tombent par la queue (Basses-Alpes)

QUELQUES DICTONS D'ÉTÉ

D'été bien chaud vient un automne
Pendant lequel souvent il tonne.

Quand en été le haut coq boit,
La pluie soudain vient et paroit.

Labour d'été vaut fumier.

Jean et Jean
Portent l'an.
   (d'été : 24 juin)
   (d'hiver : 27 décembre)

Labour d'été veut du fumier (Charente)

Août

LE MIELLEUX

Avec une belle constance, le grand empereur Auguste offrit aux Romains ses plus beaux triomphes en ce huitième mois de l'année. Tour à tour, c'est en août que débuta son premier consulat, c'est en août qu'il fit la conquête de l'Égypte et qu'il mit fin à la guerre civile. Les sénateurs romains lui devaient bien cela, et c'est à cause d'un de leurs décrets que le mois d'Auguste est devenu au fil des siècles et par déformation l'Août que l'on savoure aujourd'hui. Néron en son temps, jaloux du triomphe d'Auguste, voulut faire de même avec le mois d'avril en le rebaptisant *Neroneus*, mais la postérité n'a pas ratifié cet orgueil fou. C'est en août que les Grecs célébraient dans la forêt de Némée les jeux Néméens instaurés par Hercule, tandis qu'à Rome, après la fête des esclaves, on crucifiait quelques chiens... Tout simplement pour rappeler la prise du Capitole, heureusement sauvé par les oies, mais où les chiens chargés de sa garde étaient demeurés étrangement muets.
Que ce mois béni entre tous soit pour nous plus simplement celui des cueillettes et du miel.

Provence

— En août comme aux vendanges, ni fêtes ni dimanches
— Qui sommeille en août dort sur ses frais
— Les nuits d'août trompent les sages comme les fous
— S'il pleut en août, il pleut du miel et du moût
— Août en sécheresse n'apporte point richesse
— Si août ne le mûrit ni le cuit, septembre ne le rôtit
— A la mi-août le temps s'arrange ou défait tout
— Après le 15 l'été est sur sa fin
— Quand la poire passe la pomme, mieux vaut garder le vin en réserve, mais si la pomme passe la poire il faut résolument le boire

— Saint-Laurent arrange les blés noirs (Cantal)
— Quand il pleut le 1er août c'est signe qu'il n'y aura pas de regain (Corrèze)
— Qui dort en août dort à son coût (Côte-d'Or)
— S'il pleut le jour de la Bonne Dame (15) il pleut à toutes les fêtes (Allier)
— Au mois d'août le vent est fou (Eure)
— Tonnerre en août, abondance de grappes et de bon moût (Drôme)
— Août mûrit, septembre vendange ; en ces deux mois tout bien s'arrange (Basses-Pyrénées)

— S'il pleut le jour de la Saint-Barthélemy (24), si tu t'en moques, pas moi (Lozère)
— De Saint-Laurent à Notre-Dame la pluie n'afflige pas l'âme (Lozère)
— Quiconque marie en août souvent n'arrose rien du tout (Lot-et-Garonne)
— Temps sec en août et gros nuages bleus, neige pour l'hiver (Nord)
— En août quiconque dormira sur midi s'en repentira (Oise)

Poitou - Charentes

— Brumes en août font tomber les châtaignes
— Août pluvieux, cellier vineux
— Pluie d'août fait truffes et marrons
— Chaleur d'août donne bien portant
— Qui se marie en août souvent n'amasse rien du tout
— Août passé, plus de faucille, août est le mois à glaner
— Soleil rouge en août, c'est la pluie partout
— S'il pleut à la mi-août les noisettes sont perdues
— Sommeil serait-il à ton goût, ne dors pas sous le soleil d'août
— A la Saint-Laurent (10) la mouche quitte les bœufs et prend les juments (attention aux orages)
— S'il pleut à la Saint-Laurent la pluie est bien à temps
— A la Sainte-Suzette (11) veau bienvenu qui tète

— De l'Assomption (15) la clarté fait du vin de qualité
— Au jour des Saintes-Maries (15) laboure avec énergie
— Si la lune de la Saint-Louis (25) se fait en beau, sois réjoui
— Fine pluie de Saint-Augustin (28) c'est comme s'il pleuvait du vin

Bretagne

— A la Saint-Laurent prends les noix et vois ce qu'il y a dedans
— A la mi-août les noix ont le cul roux
— Aux beaux jours d'août le geai fait comme le coucou (il s'en va)
— Le mois d'août est toujours beau quand le premier de l'an est beau
— A la Saint-Laurent faucille au froment
— Après la Saint-Roch (16), aiguise ton soc
— Août pluvieux, cep vineux

Septembre

LE BOUILLANT

Mois tout de miel et de fruits, Septembre est justement appelé « le mai de l'automne ». Ses douceurs sont infinies, son parfum celui des choses qui ne veulent pas mourir. En Bretagne, il était jadis dénommé « le batteur », car c'est en son temps que sur l'aire on battait le blé. Mais Septembre couronné de pampres rouges est surtout le mois des vendanges. Son sang a la couleur vermeille du vin que de toute éternité les hommes ont célébré. Les hommes et les poètes, puisque Guillaume Apollinaire affirma joliment : « L'automne est ma saison mentale. »
Septembre est le *Paophi* des Égyptiens et le *Praedromion* des Grecs. C'est le mois de l'équinoxe. Second mois de l'année en Égypte, troisième à Athènes, septembre était à la septième place dans le calendrier de Romulus. Jules César en fit le neuvième sans changer son nom. Ils furent pourtant nombreux à vouloir donner le leur à ce mois. Tibère demanda qu'on le baptise Tiberius, Domitien Germanicus, Antoine le Pieux Antoninus, Commode Herculeus et

Tacite Tacitus ! Septembre tint bon, et lui seul est resté. C'est à l'équinoxe d'automne (22), au temps où le soleil entre dans le signe de la Balance, que les Grecs célébraient annuellement les petits mystères, et tous les cinq ans les grands mystères d'Eleusis.

A Rome, en ce mois, on célébrait Vulcain, dieu des Enfers, et le jour des Ides le dictateur ou le premier magistrat attachait au Capitole le Clou sacré. On ne sait rien de cette cérémonie, seulement que chaque année en cette période on enfonçait un clou *(clavus annalis)* dans la porte du temple de Jupiter en signe d'expiation et de conjuration des mauvais esprits.

Mais écoutons plutôt le poète Ausone, qui personnifie septembre « sous la figure d'un homme nu, ayant seulement sur l'épaule un manteau qui flotte au gré des vents. Il tient de la main gauche un lézard attaché à un cordon et se débattant dans l'air avec grâce. Aux pieds du dieu sont deux cuves préparées pour la vendange ». D'autres auteurs plus modernes peignent Septembre le visage riant, couronné de pampres, vêtu de pourpre, tenant la balance d'une main et de l'autre une corne d'abondance d'où s'échappent des raisins et des fruits.

— Lorsque beaucoup d'étoiles filent en septembre, les tonneaux sont alors trop petits en novembre (Haute-Loire)

— Quand le vent est au nord le jour de la Saint-Michel (29), le mois d'octobre est au sec (Vendée)

Poitou - Charentes

— Avant ou après la Saint-Michel, la pluie ne reste pas au ciel
— Septembre se nomme le mai de l'automne
— Si juin fait la quantité, septembre fait la qualité
— En septembre, si l'osier fleurit le raisin mûrit
— En septembre sois prudent : achète grain et vêtement
— Saint-Lambert (17) pluvieux neuf jours dangereux
— A la Saint-Matthieu (21), cueille le raisin si tu veux
— Qui n'a pas semé à la Sainte-Croix (14) au lieu d'un grain en mettra trois
— Septembre humide pas de tonneaux vides
— A la Saint-Jérôme (30) prends tes mancherons et suis ta charrue
— Au 8 septembre petite bonne femme allume ta lampe ; à la Saint-Martin (11 novembre) boude ton vin

Bretagne

— A l'Exaltation les hirondelles s'en vont
— A la Saint-Guinefort fais brûler un cierge à la vie ou à la mort
— Septembre arrivé, le soir on bat le blé

— Septembre sans pluie tarit fontaines et puits
— Pluie de Saint-Michel sans orage d'un hiver doux est le présage
— Qu'en septembre il tonne, la vendange est bonne
— En septembre pluie fine est bonne pour la vigne
— Après la soupe, un coup de pur vin préserve d'un écu un médecin

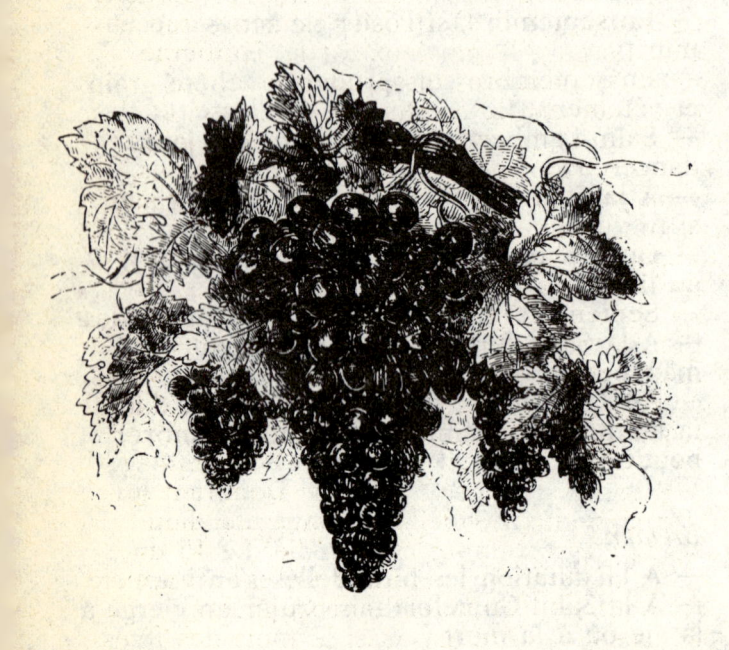

Octobre

LE VIGOUREUX

Finies les douceurs et les chaudes journées de septembre. A la Saint-Michel, les bergers se sont loués et la chaleur est remontée au ciel. Octobre le pluvieux est là. Huitième mois des Romains, il ne se console pas d'être devenu le dixième de la classe, et il pleure une eau glaciale qui refroidit la terre et interrompt les cultures en fin de mois, vendanges faites. Il mérite bien le nom que lui ont donné nos aïeux républicains, Pluviôse, renouant ainsi avec la tradition romaine, qui avait surnommé ce mois du scorpion « le huitième des pluies ».
Comme septembre (ainsi que novembre et décembre), son mauvais numéro suscita les convoitises des empereurs vaniteux et d'un Sénat de Rome flatteur. Commode (encore lui) voulut l'appeler Faustinus en hommage à Faustine, femme d'Antonin ; Domitien lui donna celui d'invincible à cause du dieu Mars, à qui Octobre était dédié. Le 15 du mois, à Rome, on immolait un cheval appelé October au dieu terrible de la guerre.
Pourtant octobre est aussi le mois des fêtes. La Rome païenne y célébrait tant de jours

de liesse que les peintres ont coutume de représenter Octobre sous les traits d'un homme souriant couronné de pampres jaunissants d'où pendent de belles grappes pourprées. Les Latins lui avaient consacré une fête dionysiaque (Bacchus). Il s'agissait d'une véritable bacchanale où l'on buvait jusqu'à l'ivresse complète. Encore de nos jours en Grèce existe une danse appelée Valaque. Elle imite les vendangeurs foulant le raisin dans le cuvier. C'est aussi en octobre que Romains et Grecs célébraient la fête des « grains levés » aux origines mystérieuses. Il s'agissait de conjurer les mauvaises influences. De nombreux autres mystères se déroulaient en octobre, mais dans les montagnes de France, c'est aussi le moment de la coupe des sapins, qu'on redescendra avant les grands froids. Octobre le fastueux est aussi le mois des turbulences humaines. Sept batailles ont eu lieu au cours de ce mois : Salamine, qui sauva les Grecs et notre civilisation, Issus et Arbelles qui assurèrent à Alexandre la conquête de l'Asie, Philippes où sombra la République romaine, la victoire de Constantin sur les bords du Tibre qui favorisa l'essor du christianisme. Enfin il y eut Lépante, qui délivra l'Europe des Turcs (et où Cervantes perdit un bras) et Iéna, gagnée par Napoléon sur le roi de Prusse et le duc de Brunswick. Ce n'étaient pas de simples batailles de fleurs, mais des tournants de notre civilisation.

— A la Saint-Denis (9), la bonne sèmerie (Eure-et-Loir)
— Le jour de la Saint-Denis, le vent se marie à minuit (Calvados)
— Si le temps est clair le jour de Saint-Denis, l'hiver sera rigoureux (Loir-et-Cher)
— A la Saint-Simon, une mouche vaut un mouton (Marne)

Poitou - Charentes

— Quand octobre perd sa fin, la Toussaint est au matin
— Goret orctobrin, goret de rien (Ne pas acheter son cochon en ce mois)
— Quand octobre est glacé, il faut vermine trépasser
— En octobre tonnerre, vendanges prospère.
— Octobre le vaillant surmène le paysan
— Sème à la Saint-François (4), tu auras du blé bon poids
— S'il fait beau à la Saint-Denis, l'hiver sera pourri
— A la Saint-Denis ramasse tes fruits
— A la Sainte-Simone (28) il faut avoir rentré les pommes
— Vilaine veille de Toussaint ne présage rien de bon

Bretagne

— Qui vin ne boit après salade est en risque d'être malade
— En octobre, s'il tonne c'est la nouvelle bonne

— Sillons tordus, blés plus drus
— Qui ne laboure quand il peut ne laboure pas quand il veut
— En octobre, qui ne fume rien ne récoltera rien
— Celui qui aime trop le vin boit de l'eau à la fin
— Sans pain et sans vin, l'amour n'est rien
— A la Saint-René, châtaignes tombent toutes embognes
— Du brouillard dans le décours, de la pluie sous trois jours
— Octobre n'a jamais passé sans cidre brassé

Novembre

LE PLUVIEUX

Encore un mois qui a tiré le mauvais numéro à la loterie de Jules César lorsqu'il modifia le calendrier. De neuvième, novembre se retrouva onzième des mois de l'année julienne et grégorienne.
Les Égyptiens l'appelaient Athyr et y célébraient pendant quatre jours, à partir du 17, une fête lugubre en l'honneur de la déesse Isis, affligée de la perte d'Osiris son frère, tué par son mari Tiphon. Cette fête s'appelait *la recherche d'Osiris*.
Les Neptunales romaines étaient célébrées le 5 du mois en l'honneur de Neptune. C'est aussi ce jour-là qu'avaient lieu de grands festins dans les temples, où l'on dressait des lits pour les convives à la gloire de Jupiter.
C'est le 15 novembre que se déroulaient durant trois jours les jeux Plébéiens ; les Brunales ou fêtes des jours d'hiver, avaient lieu à partir du 21.
Enfin, le 27, on faisait des sacrifices aux mânes des Gaulois et des Grecs que l'on avait enterrés vifs à Rome dans le Marché aux Bœufs. C'est pourtant lors de ce mois « funèbre » que l'on plante les nouveaux arbres avec le plus de chances de succès. A

la Sainte-Catherine, le 25, tout bois prend racine, et les laboureurs vont bon train derrière leur charrue. On sème ainsi les derniers blés, les choux d'hiver et c'est durant ce « mois noir » qu'a lieu — parfois — l'été de la Saint-Martin, ultime moment de grâce pour le soleil (11 novembre), et période où les anciens Égyptiens achevaient les fêtes du Bâton, car ils croyaient que l'astre déclinant avait alors besoin d'une béquille pour se maintenir encore quelques jours au zénith !

— A la Toussaint les blés semés, les fruits serrés (Eure-et-Loir)
— Quand en novembre il a tonné, l'hiver est avorté (Calvados)
— Telle Toussaint, tel Noël (Ain)
— Commence les semailles le premier vendredi de novembre (Corse)
— A la Sainte-Catherine (25) tout bois prend racine (Ardennes)
— La température du jour de la Saint-Martin (11) doit être celle de l'hiver (Loire)
— Entre la Toussaint et la Noël il ne peut trop pleuvoir ni venter (Basses-Pyrénées)
— Telle la Toussaint, tel Noël, Pâques au pareil (Ille-et-Vilaine)
— Si les rivières débordent avant la Saint-Martin, elles sont toujours là ou en chemin (Indre)
— S'il pleut le jour de la Saint-Martin bouillant, il pleut six semaines durant (Haute-Marne)

Vosges

— La pleine lune de Saint-Martin donne abondance de neige
— A la Saint-Jean verjus pendant, argent comptant
— Quand il pleut le jour de la Saint-Jean l'orge s'en va dépérissant

Bretagne

— A la Saint-Clément (23), l'hiver va de l'avant
— A la Toussaint, le froid revient et met l'hiver en train
— A la Saint-Martin fais goûter le vin
— Quand l'eau gèle à la Saint-Martin, l'hiver s'agenouille en chemin
— La Toussaint venue, quitte la charrue
— De Saint-André (30) vient-il le jour, le froid te dit : « me voilà de retour »
— A la Saint-André la nuit l'emporte sur le jour qui suit

Poitou - Charentes

— A la Toussaint à la fin de l'Avent, jamais trop de pluie ni de vent
— A la Saint-Hubert (3), les oies sauvages fuient l'hiver
— A la Saint-Mathurin (9), bois le vin et laisse l'eau pour le moulin
— A la Saint-Martin (11) ne tire le vin
— L'été de la Saint-Martin dure trois jours avec un brin

— Saint-Séverin (27) mène les premiers froids
— A la Saint-André (30) les jours sont arrêtés
— A la Saint-André les petites bêtes chassent les grosses du pré
— A la Saint-André l'on doit plus rien garder
— Hiver peu pressé vient avec la Saint-André
— S'il neige à la Saint-André l'hiver est déjà commencé

Décembre

LE NEIGEUX

En cet ultime mois du calendrier on retrouve encore le tyran Commode. Cette fois-ci, il voulut substituer au nom de Décembre (dixième mois de Romulus) celui de la belle Amazone, une Romaine dont il portait constamment le portrait peint dans une bague. Mais le bon peuple romain ne consacra pas ce choix dicté par la passion amoureuse, et Décembre retrouva vite son appellation première. C'est au cours de ce mois que se déroulaient les fêtes de Faune et de Saturne. Les Saturnales furent de loin les plus importantes. Ces fêtes bruyantes et pleines de joie et de débauche sont les ancêtres de notre Carnaval, qui a lieu en février. Les Saturnales duraient trois jours jusqu'à Caligula, qui les compléta par une fête de la Jeunesse. Plus tard, on en ajouta d'autres, appelées *sigillaria*, au cours desquelles on se faisait mutuellement des présents (sceaux, bagues, petites sculptures), dont la coutume s'est conservée jusqu'à nos jours par le Premier Janvier.
Durant les Saturnales, les maîtres traitaient leurs esclaves en égaux, les tribunaux étaient

fermés, et on n'avait pas le droit de déclarer la guerre. Le 25 décembre, jour du solstice d'hiver, a toujours été un jour de grande fête pour la plupart des peuples anciens et modernes. C'était le jour où l'on célébrait la naissance du soleil et son retour vers nous en entrant dans le Capricorne. Les Perses célébraient Mithra, les Égyptiens Osiris, les Grecs appelaient la nuit du solstice la Triple Nuit, et c'est en cette nuit qu'ils marquaient la naissance d'Hercule. Les Romains la consacraient au soleil invincible, tandis que les peuples du Nord l'appelaient la mère des nuits et la célébraient sous le nom de *lul* signifiant « retour ».

Rien d'étonnant après toutes ces traditions que l'Église ait placé en ce jour la naissance de Jésus, symbole lui aussi de résurrection. De nombreux saints (Jérôme, Jean, Chrysostome, Athanase) soutinrent qu'il existait entre le Mithra des Perses, l'Osiris des Égyptiens, le Soleil des Romains et Jésus une très grande analogie qui se poursuit depuis la naissance jusqu'à la Résurrection. Saint Justin mit bon ordre à ces « hérésies » et y vit la main du Diable, rejetant au néant toutes supputations de ce genre et détruisant les nombreux travaux de savants, qui au cours des siècles avaient reculé la création de 72 000 années ! De nos jours, dans certains cercles philosophiques, ces travaux ont repris.

Mais décembre est avant tout pour nous le mois de Noël, mot mystérieux dont une des origines pourrait être une abréviation d'Emmanuel, qui en hébreu signifie « Dieu avec vous ». Ou encore une combinaison gauloise issue du latin *natalis* (natal) et de *dies* (jour), en quelque sorte le jour natal par excellence. L'institution de la fête de Noël serait due au pape Thelesphore (mort en 138). Elle demeura longtemps mobile, les Églises d'Orient la plaçant en avril, au moment de la reflorescence de la nature. Au IVe siècle, le pape Jules Ier ordonna une enquête sur le véritable jour de la nativité de Jésus. C'est le 25 décembre qui fut retenu comme date véritable. La représentation des crèches serait née au Moyen Age, en même temps que les mystères sur le parvis des églises. Ces fêtes tournèrent vite à la bouffonnerie et durent être parfois interdites. Il en resta des cantiques appelés *noëls*, qui furent les premiers chantés en langue vulgaire, parfois même en patois local. Si Noël tombait un vendredi, l'Église tolérait l'usage de la viande pour toute la chrétienté (XVIIIe).

Mille coutumes marquent depuis des siècles la fête de Noël, appelée aussi fête des enfants (Nord). Là, on bénissait la bûche de Noël en y versant du vin et en disant « Au nom du Père ». Ailleurs (en Allemagne), on enfermait la veille de Noël un arbre chargé de petits cierges, de bonbons, de pommes et de jouets dans une fausse armoire, qu'on ouvrait à l'instant où on s'y attendait le moins pour donner aux enfants le plaisir de la surprise.

Dans les églises de nos villages, on chante

toujours des *noëls*, cantiques souvent naïfs qu'un chroniqueur affirme tous inspirés musicalement des gavottes et menuets qu'un ballet qu'Eustache de Corroy composa pour le divertissement de Charles IX. En effet la plupart de ces noëls sont notés sur la mesure à trois temps. Voici quelques extraits de ces noëls éternels :

> *Avec tant de vitesse,*
> *Bergers, où courez-vous ?*
> *D'où vient allégresse*
> *De grâce, dites-nous ?*
>
> *Belle nuit, tu n'as rien de sombre,*
> *Puisses-tu briller à jamais !*
> *De ces feux, sans voile et sans ombre*
> *T'éclaire le soleil de paix*
>
> *Toute bête funeste,*
> *Les lions et les ours,*
> *De ce sentier céleste*
> *Sont bannis pour toujours.*
> *Vit-on pareille merveille,*
> *Pareille, pareille, pareille ;*
> *Vit-on jamais merveille pareille*
> *Avant nos jours ?*

— Qui prend le soleil à Noël à Pâques se gèle (Aveyron)
— Noël le jeudi, c'est la famine (Gers)
— Noël givré, pommes bonnes à ramasser (Ardennes)

Hautes-Alpes

— Si Noël arrive un lundi, que celui qui a deux bœufs en tue un
— Si le jour de Noël est sans lune, que celui qui a deux brebis en tue une
— Noël au jeu, Pâques au feu
— Quand il gèle à Noël, les aires sont chargées de grains (Gard)
— Noël sans lune, sur trois brebis n'en reste qu'une (Basses-Alpes)
— Quand Noël vient en clarté, vends ta charrette et tes bœufs pour acheter du blé (Haute-Vienne)
— Quand il tonne beaucoup avant la Saint-Jean, il ne tonne plus dans le même an (Doubs)
— Pluie de Saint-Jean enlève noisettes et glands (Jura)
— Plus la lune éclaire, la nuit de Noël, plus il y a de pommes (Manche)
— Quand Noël est sans lune, beaucoup de blé dans les champs ; quand Noël est éclairé, beaucoup de paille, peu de blé (Lot-et-Garonne)

Nord

— Entre Noël et la Chandeleur, il vaut mieux voir un loup au champ qu'un valet laboureur
— S'il tonne en décembre, l'hiver est corrompu (manqué)

— S'il pleut le jour de la petite Saint-Jean, toute l'année s'en ressent, et notamment jusqu'à la grande Saint-Jean (Nièvre)

— Quand Saint-Ambroise (7) voit neiger, de dix-huit jours de froid nous sommes en danger (Meuse)
— Noël à la vie (en chemin), Pâques à l'acie (près du feu) (Haute-Savoie)
— Quand tu prends à Noël le soleil de Pâques, tu te rôtis l'orteil (Loire-Atlantique)
— Jour de Noël humide donne grenier et tonneaux vides (Meurthe-et-Moselle)

Poitou-Charentes

— A la Sainte-Barbe (4), soleil peu arde
— A la Saint-Ambroise (7), du froid pour huit jours
— Il ne faut pas aller dans les écuries après minuit le 24 décembre, ça porte malheur
— Nuit de Noël sans lune, année à prunes
— Noël au perron, Pâques aux tisons
— Tonnerre à Noël, pas d'hiver
— S'il y a clair de lune pendant la messe de minuit, il n'y aura pas de prunes

Bretagne

— Décembre de froid chiche ne fait pas le paysan riche
— Saint-Nicolas (6) marie les filles aux gars
— Neige avant Noël pour champ de seigle vaut fumier
— S'il gèle à la Saint-Thomas (21), il gèlera encore trois mois
— Si l'hiver est froid et cruel, tiens ton ventre à table et le cul au feu

— Si Noël arrive un dimanche sur le rocher, sème ton lin et vends ta jument pour acheter des grains
— Blanche lune à Noël, bon lin dans chaque guéret

QUELQUES DICTONS D'HIVER

Temps d'hiver,
Temps d'enfer.

En hiver, eau ou bruine ont
Vent, neige ou grêle pour voisine.

L'hiver nous fait plus de mal que l'été nous fait de bien.

En hiver, partout pleut,
En été, là où Dieu veut.

Soleil d'hiver, amour de paillarde :
Tard vient et peu tarde.

Janvier fier, froid et frileux,
Février le court et fiévreux,
Mars poudreux, avril pluvieux,
Mai joli, gai et venteux,
Dénotent l'an fertil et plantureux.

Hiver sitôt qu'il est trop beau
Nous promet un été plein d'eau.

Si l'hiver est surchargé d'eau,
L'été n'en sera que plus beau.

Quand en hiver est été,
Et en été hivernée
Jamais n'est bonne année.

Un mois après Noël, ou un mois avant,
L'hiver fait le commandant.

HIVER

— L'hiver est dans un lissac, s'il n'est pas à la bouche il sera au cul (Deux-Sèvres)
— Si l'hiver ne donne de la tête, il donnera de la queue (Poitou)
— L'hiver n'est pas bâtard, s'il ne vient tôt, il vient tard (Saintonge)
— Hiver trop beau, été dans l'eau
— Hiver de froid trop chiche ne fait pas le laboureur riche
— Hiver à gelée, année à peinée
— Hiver serein, pluie d'été ne font jamais pauvreté

QUAND LES JOURS ALLONGENT

En Poitou et en Charente on a coutume de mesurer l'allongement des jours au pas des saints. En voici l'énumération la plus complète que nous connaissions.
Les jours allongent :
— A la Sainte-Luce (13 décembre) d'un pas de puce
— A la Noël d'un pas de coq
— Au premier de l'An d'un pas de jument

— Aux Rois (6 janvier) d'un saut de veau
— A la Sainte-Lucienne (8 janvier) d'une aiguillée de laine
— A la Saint-Antoine (17 janvier) d'un pas de moine
— A la Saint-Vincent (21 janvier) d'un pas de jument
— Et à la Chandeleur (2 février) d'une heure !

D'autres fleurs

Ce que flore inspira

BOUSSOLE DE FLORE

On sait que l'âge d'un arbre peut être calculé selon l'importance et le nombre des cercles que présente un tronc coupé. Ces cercles sont plus importants, plus larges, du côté exposé au midi. De même, la mousse est plus abondante sur la face du tronc tournée vers le nord.

SEMAINE DE FLORE

Certaines fleurs ont des jours de prédilection pour s'épanouir : *Lundi :* baguenaudier. *Mardi :* boule de neige. *Mercredi :* épine-vinette. *Jeudi :* lilas. *Vendredi :* cyprès. *Samedi :* jonquille. *Dimanche :* giroflée.

HORLOGE DE FLORE

Darwin écrivait à propos de l'horloge de Flore : « L'aimable Lampsane, la belle Nymphaea et la brillante Calendula suivent d'un œil attentif le mouvement diurne de la terre sous le soleil. Elles marquent sa situation, son inclinaison, ses divers climats, et par un art imitatif elles indiquent la marche du temps. Elles attachent une chaîne magique autour de son pied léger, comptent les vibrations rapides de son aile, et donnent le premier modèle de cet instrument merveilleux qui calcule et divise l'année. » Voici une Horloge de Flore qui faisait la joie de mes grands-parents :

HORLOGE DE FLORE

ou

Tableau de certaines fleurs qui en s'épanouissant ou se fermant, peuvent indiquer les heures de la journée

NOMS DES PLANTES A OBSERVER Succession des heures en commençant par 1 heure du matin	HEURES DU LEVER ou de l'épanouissement DES FLEURS	HEURES DU COUCHER DES FLEURS, c'est-à-dire heures où elles se ferment
1 Barbe de bouc	de 1 à 3 h du matin	
2 Picridium tingitanum	de 2 à 4 h du matin	
3 Leontodon tubéreux	de 3 à 4 h du matin	
4 Lis jaune	4 h du matin	
5 Pavot à tige nue	5 h du matin	
6 Nénuphar blanc	6 h du matin	
7 Alyssum à utricules	7 h du matin	
8 Mouron des champs	8 h du matin	
9 Laitue cultivée		9 h du matin
10 Crepis des Alpes		10 h du matin
11 Laiteron des champs		11 h du matin
12 m Laiteron lappon		Midi
1 Crepis rouge		1 h après-midi
2 Arenaria		2 h *id.*
3 Calendula pluviale		3 h *id.*
4 Hieracium pilosselle		4 h *id.*
5 Hieracium à ombrelles		5 h *id.*
6 Belle de nuit	6 h du soir	
7 Geranium triste	7 h du soir	
8 Calendule des champs		8 h du soir
9 Silène de nuit	de 9 à 10 h du soir	
10 Cactus à grandes fleurs	de 9 à 10 h du soir	

BAROMÈTRE DE FLORE

Alléluia. — Si l'on voit l'alléluia relever ses feuilles, cela indique qu'il fera de l'orage.

Carline. — Cette plante se ferme toujours aux approches de la tempête.

Chardon. — Si le chardon à foulon rapproche ses écailles et les tient serrées, il va pleuvoir.

Drave printanière. — La drave printanière replie doucement ses feuilles quand la tempête va venir.

Laiteron de Sibérie. — Lorsque, la nuit, on voit cette fleur ouvrir sa corolle, on peut être sûr qu'il tombera de l'eau vers le matin.

Laitue. — Si la laitue s'épanouit, on peut compter sur la pluie.

Liseron (petit). — Quand le petit liseron referme ses cloches blanches, les bergers ramènent leurs troupeaux ; la pluie n'est pas éloignée.

Népenthès. — Lorsque le népenthès renverse ses godets, on peut être assuré qu'il va pleuvoir.
Si, au contraire, il relève sa fleur, c'est signe de beau temps.

Nigelle. — Quand la nigelle des champs penche sa tête, c'est que la chaleur va venir. Si on la voit se ranimer et renaître, c'est que l'air va reprendre sa fraîcheur.

Oxalis. — Si l'oxalis s'ouvre, il fera beau. S'il se ferme, on peut attendre de l'orage.

Pimprenelle. — Il doit bientôt pleuvoir lorsque l'on voit la pimprenelle se fermer.

Polierva. — Quand le polierva incline et replie ses feuilles, c'est signe que l'orage est prochain.
S'il redresse ses branches, au contraire, il fera beau.
Quintefeuille. — La quintefeuille étend ses pétales d'or et s'en forme un abri pour se garantir de la pluie prochaine.
Elle replie ses voiles lorsque l'orage est sur le point de cesser.
Souci d'Afrique. — Quand le souci d'Afrique n'épanouit point sa corolle, on peut attendre la pluie.
Souci pluvial. — Lorsque cette fleur replie ses pétales, c'est un signe certain qu'il doit pleuvoir.
Trèfle. — Quand le trèfle redresse ses tiges, il faut s'attendre à une pluie assez prochaine.
Trèfle des prés. — Si vous voyez cette espèce de trèfle se refermer, hâtez-vous de chercher un abri, car la tempête va éclater.

CALENDRIER DE FLORE

ou

*Indication des mois de l'année
par la floraison de quelques plantes
sous le climat de Paris*

Janvier	Ellébore noir.
Février	Aune. Saule marceau. Noisetier. Bois-gentil.
Mars	Cornouiller mâle. Anémone hépatique. Soldanelle. If. Renoncule ficaire. Amandier. Pêcher. Abricotier. Giroflée jaune. Primevère.
Avril	Prunier épineux. Tulipe précoce. Pissenlit. Jacinthe. Ortie blanche. Prunier. Silvie. Petite pervenche. Impériale. Érable.

Mai	Pommier.
	Lilas.
	Marronnier d'Inde.
	Cerisier.
	Pivoine.
	Bryone.
	Muguet.
	Épine-vinette.
	Fraisier.
	Iris.
Juin	Sauge.
	Alkekenge.
	Coquelicot.
	Tilleul.
	Vigne.
	Prunelle.
	Cresson de fontaine.
	Digitale.
	Pied-d'alouette.
	Bleuet.
Juillet	Hysope.
	Menthe.
	Origan.
	Carotte.
	Tanaisie.
	Œillet.
	Petite centaurée.
	Inule.
	Salicaire.
	Catalpa.

Août	Scabieuse succise.
	Parnassia des marais.
	Gratiole.
	Balsamine des jardins.
	Euphrasie jaune.
	Aster.
	Laurier-thym.
	Coreopsis.
	Rudbeckia.
	Sylphium.
Septembre	Brusc rameux.
	Aralia-spinosa.
	Lierre.
	Cyclamen.
	Amaryllis jaune.
	Colchique.
	Safran.
	Œillet d'Inde.
Octobre	Aster à grandes fleurs.
	Topinambour.
	Aster miser.
	Anthemis à grandes fleurs.
Novembre	Coboea.
	Capucine des canaris.
Décembre	Jacinthe romaine blanche.

Origines de la rose

Reine incontestée des fleurs, la rose est à l'origine de mille légendes, toutes les unes plus belles que les autres. Dans l'impossibilité de choisir, nous vous en offrons le mélange, grâce au travail de bénédictin accompli par un grand amoureux des roses à la fin du siècle dernier, Abel Belmont. Son Dictionnaire historique et artistique de la rose *est un livre précieux — et hélas introuvable aujourd'hui — dont les amis des fleurs ne diront jamais assez de bien. Qu'il en soit remercié ici encore. Voici donc, selon Abel Belmont, les multiples origines de la rose :*

— Au commencement Dieu créa la femme et, pour sa plus grande satisfaction, il fit naître la rose.
Voilà à notre avis la véritable origine de notre favorite. Toutes les autres nous paraissent avoir un cachet d'authenticité bien douteux ; néanmoins nous allons les passer en revue :

1. — Le premier, Anacréon essaya de donner une origine à la rose : « Lorsque la mer eut formé de son écume et monté sur

son onde réjouie la belle Vénus brillante de rosée, quand du cerveau de Jupiter Pallas sortit toute armée, la terre à son tour enfanta cette plante admirable, nouveau chef-d'œuvre de la nature. Jaloux de hâter son épanouissement, les dieux l'arrosèrent de nectar et aussitôt s'éleva majestueusement cette fleur immortelle sur sa tige épineuse. »

2. — Une autre version attribue son origine à Cybèle, qui, pour se venger de Vénus, ne trouva rien de mieux que de créer la rose dont elle mit la beauté en parallèle avec celle de cette déesse.

3. — Bion fait naître notre fleur du sang d'Adonis, tué par un sanglier que la jalousie de Mars avait suscité : Malheur, malheur, ô Vénus, le bel Adonis n'est plus. Vénus verse autant de larmes qu'Adonis répand de sang ; mais en tombant sur la terre l'un et l'autre se convertissent en fleurs, le sang enfante la rose, les larmes l'anémone.

4. — Ces origines ne paraissant pas suffisamment prouvées, les savants de tous les pays cherchèrent à pénétrer et à découvrir le secret de la naissance de Son Altesse la rose.
Les uns soutinrent qu'elle était née de la sueur d'une femme nommée Joue qui, par un singulier phénomène, paraissait blanche au point du jour et rouge à midi.

5. — D'autres voulurent qu'elle soit la fille de la rosée, car selon Galien elle s'ouvre à l'aurore et boit la rosée du ciel et la splendeur du soleil, puis, lorsque cet astre s'éloigne, elle se referme.

6. — Éperdument amoureux de Flore, et ne sachant comment faire pour toucher le cœur de la déesse, qui n'avait jamais eu de passion que pour ses fleurs, Zéphire se changea, dit-on, en une fleur si belle, si belle que Flore en la voyant ne put s'empêcher de déposer un baiser sur sa corolle. Cette fleur, c'était la rose, et c'est ainsi que se consomma l'union de Zéphire et Flore.

7. — Les Turcs, après mûre réflexion, finirent par découvrir que la rose ainsi que le riz étaient formés de la sueur de leur prophète Mahomet. C'est pourquoi les mahométans ont une véritable vénération pour la rose. S'ils en trouvent une à terre, ils s'empressent de la ramasser, et après l'avoir baisée avec respect, ils la serrent dans quelque fente de muraille comme pour préserver une fleur si précieuse de toute espèce de profanation.

8. — Quant aux Indiens, plus galants envers notre fleur, ils la firent naître d'un sourire de la Volupté.

9. — Déjà un poète latin avait dit : ou que la rose était née d'un sourire de l'Amour, ou qu'elle était tombée de la chevelure de l'Aurore, alors qu'elle se peignait.

10. — Au XVIIe siècle, un jésuite, le père Rapin, dans son poème des *Jardins*, imagina une nouvelle fable que nous allons résumer brièvement : Une reine de Corinthe, appelée Rhodante, était d'une si grande beauté qu'on ne pouvait la voir sans en tomber éperdument amoureux. Dieu sait si elle avait des adorateurs. Voulant se soustraire à leurs

instances, elle se réfugia dans un temple consacré à Diane : mais trois de ses adorateurs plus hardis que les autres pénétrèrent avec elle dans le temple et voulurent l'enlever. Rhodante se défendit avec vigueur et appela le peuple à son secours. A ses cris, il accourut, mais il fut tellement ébloui par sa beauté qu'il s'écria : « Diane n'est plus la déesse de ce temple, désormais la belle Rhodante recevra nos hommages. » Il se disposait déjà à renverser la statue de Diane lorsqu'Apollon, furieux de l'outrage fait, se présenta. Il métamorphosa Rhodante en rosier et changea les trois ravisseurs l'un en ver, l'autre en mouche et le dernier en papillon.

11. — Mais voici une autre fable soi-disant d'origine grecque, que nous trouvons dans le livre du marquis de Chesnel : *La Rose chez les différents peuples*. Roselia avait été consacrée dès son berceau au culte de Diane, mais sa mère résolut d'arracher sa fille du temple pour l'unir au beau Cymédore. Roselia au pied de l'autel de l'hymen prononça de coupables serments dont son cœur innocent ne connaissait pas le danger, mais Cymédore, que la crainte de la déesse poursuivait, se hâta d'entraîner sa jeune épouse. Déjà ils avaient franchi les derniers degrés du temple, lorsqu'ils furent aperçus de Diane. On ne se joue pas impunément du courroux des dieux : un trait fatal vint percer le cœur de Rosalia. Cymédore, transporté de douleur et de tendresse, se jeta sur le corps de son épouse,

il voulait la soutenir, la ranimer ! Mais,
ô prodige, il n'embrassa qu'un arbuste
couvert d'épines, et inconnu jusqu'alors. Cet
arbuste né du remords de Diane et des
larmes de l'Amour se couvrit de fleurs
odoriférantes qui reçurent le nom de la
malheureuse Roselia.

12. — Gessner, poète pastoral suisse, qui vivait au XVIIIe siècle, raconte ainsi dans une de ses idylles la naissance de la rose. C'est Bacchus qui parle : « Je poursuivais, dit-il, une jeune nymphe, la belle fugitive volait d'un pied léger sur les fleurs et regardait en arrière, elle riait malignement en me voyant chanceler et la poursuivre d'un pas mal assuré. Par le Styx, je n'aurais jamais atteint cette belle nymphe, si un buisson d'épines ne s'était embarrassé dans un pan voltigeant de sa robe. Enchanté, je m'approchai d'elle et lui dis : Ne t'effarouche pas tant, je suis Bacchus, dieu du vin, dieu de la joie, éternellement jeune. Alors, saisie de respect, elle baissa les yeux et rougit. Pour marquer ma reconnaissance au buisson d'épines, je le touchai de ma baguette, et j'ordonnai qu'il se couvrît de fleurs, dont l'aimable rougeur imiterait les nuances que la pudeur étendait sur les joues de la nymphe. J'ordonnai et la rose naquit. »

13. — L'ange qui prend soin des fleurs, et qui pendant la nuit distille sur elle la rosée salutaire, sommeillait un jour de printemps à l'ombre d'un buisson de roses. Il se réveilla en souriant et dit : « O toi, le plus aimable de mes enfants, je te remercie de ton doux

parfum et de ton ombre bienfaisante. Si tu avais un désir, je serais heureux de le satisfaire.
— Orne-moi d'un charme nouveau », répondit le génie du buisson de roses, et l'ange orna la reine des fleurs d'une humble couronne de mousse.
Et elle s'inclina pleine de grâce dans sa modeste parure, la rose mousseuse, la plus belle des roses.
14. — D'après une autre légende, les gouttes du sang de Notre-Seigneur Jésus-Christ, tombant sur la mousse qui se trouvait au pied de la croix, auraient donné naissance à la rose mousseuse.
15. — Une jeune fille de Bethléem, accusée d'avoir enfreint les lois de la chasteté, avait été condamnée au feu. Déjà le bûcher était dressé quand elle invoqua le Seigneur, le priant, si elle était sans faute, de lui venir en aide, et de manifester son innocence aux yeux de tous. Puis elle entra dans le feu, mais aussitôt les flammes s'éteignirent, et les brandons qui brûlaient déjà se changèrent en rosiers, couverts de fleurs vermeilles ; ceux qui n'étaient pas encore allumés devinrent autant de roses à fleurs blanches. « Et ce furent, ajoute naïvement le narrateur, les premiers rosiers et les premières roses qu'on eût encore vus. »
16. — Les écrivains religieux s'accordent pour dire qu'à sa naissance la rose n'avait point d'épines, et qu'elle n'en prit que lorsque les hommes devinrent moins bons, — d'autres disent qu'elles n'apparurent

qu'après la désobéissance d'Adam et d'Ève. Voulant faire allusion aux méchants qui se mêlent aux bons, aux pécheurs qui fréquentent les justes, saint Grégoire s'écrie : « La rose, qui parfume, croît avec les épines qui blessent. »

Il est convenu aussi que primitivement la rose était blanche, et ce n'est que postérieurement qu'elle prit une teinte rosée.
A. — Théocrite et l'auteur des *Geoponiques* prétendent qu'elle doit sa couleur au sang de Vénus, alors que désolée cette déesse volait à travers les rochers, au secours de son cher Adonis, tué par un sanglier.
B. — Aphtonius, dans une de ses fables, raconte que Vénus ayant appris que Mars cherchait à se venger d'Adonis, cacha son jeune amant dans un épais buisson de roses, mais dans sa précipitation elle se piqua au pied avec un aiguillon, et depuis cette époque les roses restèrent teintes de son sang.
C. — Anacréon rapporte que Cupidon, jouant un jour dans les jardins de l'Olympe, s'approcha d'un buisson de roses où butinaient des abeilles, qui le piquèrent si cruellement qu'il teignit de son sang toutes les roses, qui de blanches qu'elles étaient devinrent vermeilles. Vénus, sa mère, accourut, mais dans son empressement laissa tomber un flacon d'odeur qu'elle portait à la ceinture, et c'est de ce jour que les roses furent parfumées.

D. — Vénus, dit Ausone, furieuse contre son fils, va cueillir une branche de rosier, et a le courage d'en frapper l'Amour. Les coups redoublés firent jaillir le sang de son corps délicat, et la rose, qui déjà était colorée, parut encore d'un rouge plus vif.
E. — D'autres au contraire prétendent que ce n'est pas Cupidon, mais Bacchus, qui ayant laissé tomber une goutte de vin sur la rose lui donna sa couleur vermeille.
G. — D'après une légende anglaise, la rose devrait sa couleur au sang de Notre-Seigneur Jésus-Christ.
H. — Suivant une légende allemande, elle aurait pris sa couleur vermeille aussitôt après la faute d'Adam et Ève.
I. — Tout récemment, Émile Desbeaux, dans un livre charmant qui fait la joie et les délices de nos enfants, a, dans un conte plein de fraîcheur et de poésie, imité des poètes persans, expliqué ce changement de couleur : « Il y avait une fois, dit-il, un jardin si beau que nul autre ne pouvait lui être comparé. Parmi les plantes une fleur se signalait par l'élégance et la flexibilité de sa tige, par l'harmonieux arrangement de ses feuilles et surtout par le parfum divin qu'elle exhalait. Elle eût été assurément proclamée souveraine de ce charmant royaume, si par malheur une importante qualité ne lui avait pas fait défaut : elle était privée des couleurs brillantes de ses sœurs, elle était toute blanche. Une nuit, un rossignol maraudeur vint se percher sur un buisson voisin. Aux rayons brillants de la lune, il

aperçut cette fleur. Il la regarda longuement et devina tous les trésors qu'elle renfermait. Puis, égrenant ses notes les plus mélodieuses, il lui chanta qu'elle était la plus belle des fleurs. Alors elle sentit, la pauvrette, un frémissement inconnu la parcourir tout entière. C'était à elle, bien à elle que s'adressait le touchant hommage du plus joli chanteur du jardin. Sa modestie naturelle finit par succomber sous le bonheur qu'elle éprouvait, et son trouble fut si grand, telle fut son émotion.. qu'elle rougit. La seule qualité qui, jusqu'à cette nuit bienheureuse, lui avait manqué pour être la reine des fleurs, elle la possédait maintenant. Cette fleur, c'était la rose, c'est-à-dire la fille du ciel, l'ornement de la terre et la gloire du printemps.

J. — D'après une tradition allemande, primitivement les roses étaient rouges, mais les pleurs de Marie-Madeleine, pendant la Passion, en tombant sur ces fleurs, en auraient décoloré les pétales, et c'est ainsi que les roses blanches auraient pris naissance.

K. — Maintenant, il nous reste à expliquer comment, de blanche et de rouge qu'elle était, la rose, un beau jour, tourna au jaune. Alors que Mahomet guerroyait contre les Juifs Koraiza, en l'an 612 de J.-C., Aichah, sa femme favorite, entretenait pendant son absence des relations adultères avec un jeune Persan qui avait su lui plaire.

De retour dans sa bonne ville de Médine, le Prophète, envoyé de Dieu, soupçonnant

quelques perfidies de la part de sa femme
bien-aimée, consulta l'ange Gabriel, son
conseil ordinaire. Bientôt, celui-ci lui apparut
en songe et lui dit : « Demande à Aichah de
plonger un objet quelconque dans le bassin
qui se trouve au milieu de ton sérail. Si elle
est innocente, cet objet restera tel ; si au
contraire elle est coupable, il changera de
couleur. »
Le lendemain, Mahomet invitait Aichah, qui
tenait à la main un superbe bouquet de
roses, à plonger ces fleurs dans l'eau du
bassin, ce qu'elle accepta en riant ; mais
ô surprise... les roses sortirent de l'eau avec
une belle couleur jaune safran. L'aventure
dut transpirer, car, depuis, le bassin du
sérail est l'objet d'une grande vénération de
la part des musulmans, et aujourd'hui encore
il est la sauvegarde des maris malheureux.

LES ROSES DE PIBRAC

Sainte Germaine (célébrée jadis le 19 janvier,
et désormais le 15 juin de chaque année)
était une jeune fille fort dévote. Née en 1579
près de Toulouse, à Pibrac, elle avait
coutume de distribuer chaque jour son pain
aux pauvres, et cela en cachette de ses
parents. Son père, l'ayant surprise, lui
demanda ce qu'elle cachait dans son tablier.
En grand danger d'être battue, la jeune
Germaine refusa, mais devant la colère
paternelle elle obéit : dans le tablier, les

tranches de pain s'étaient transformées en roses.
C'est depuis ce temps que les femmes de la région toulousaine surprises dans des situations « délicates » invoquent sainte Germaine : « Santa Vierja de Pibrac ! » Mais le miracle n'a pas toujours lieu...

DES ROSIÈRES

De nos jours encore on élit dans de nombreux villages, chaque année, une rosière : jeune, méritante et de grande vertu, qui au cours des fêtes données est couronnée de roses, d'où son nom.
Cette belle coutume aurait été instituée par le futur saint Médard, évêque de Noyon et seigneur de Salency. La première rosière couronnée fut en 535 la propre sœur du saint évêque. Mais, voulant perpétuer son œuvre, saint Médard affecta divers biens lui appartenant, dont les revenus servirent à payer la somme de 25 livres et les frais de la fête. Ces biens reçurent le nom de « fief de la rose ». Après la mort du saint, le droit de nommer la rosière passa au seigneur de Salency. Elle devait non seulement être irréprochable en tous points, mais il fallait que tous ses parents, en remontant jusqu'à la quatrième génération, le fussent aussi. Afin que chacun pût vérifier l'authenticité du choix du seigneur, celui-ci devait révéler le nom de l'élue un mois à l'avance. Le 8 juin, jour de la Saint-Médard, le seigneur conduisait la jeune fille à l'église : la

couronne de roses était déposée sur l'autel du saint pour être bénie avant que la rosière en fût coiffée, et l'officiant lui remettait les 25 livres. Abel Belmont en 1896 raconte dans son *Dictionnaire de la Rose* :
En 1773, un seigneur, jaloux du droit de contrôle et de présentation, qui de tout temps avait appartenu aux habitants, voulut passer outre et procéder seul à la nomination de la rosière. De là procès, et arrêt du Parlement de Paris, qui le 20 décembre 1774 confirma tous les anciens usages de la fête et condamna le seigneur aux dépens.
En 1640, Louis XIII étant au château de Varennes, près de Salency, fut prié d'honorer de sa présence la cérémonie du couronnement de la rosière. Il ne s'y rendit pas, mais se fit remplacer par son premier capitaine des gardes, qui au nom du roi offrit à la rosière une bague d'argent et un cordon bleu ; et depuis cette époque la rosière reçoit une bague, et porte, ainsi que ses compagnes, un cordon bleu.
Des fêtes semblables furent établies dans plusieurs localités et subsistèrent jusqu'à la Révolution. Un instant délaissée, la cérémonie du couronnement des rosières reçut dans le commencement de ce siècle comme un nouveau lustre. On voulut faire revivre les anciens usages, les traditions tombées, et aujourd'hui nombre de localités ont droit à leur rosière, Nanterre, Suresnes, Canon, Falaise, Puteaux, Montferrand, etc. L'étranger en possède également.

Invité à couronner une rosière pendant le séjour qu'il fit à Blakenbourg (Allemagne), Louis XVIII s'approcha de la jeune fille et lui plaça la couronne sur la tête. Celle-ci d'une humble révérence aussitôt le salua et lui dit ingénument : « Dieu vous la rende, Monsieur. »

A Anvers, la rosière ouvrait le marché ou la foire annuelle. Toutes les autorités administratives et les magistrats venaient lui rendre les honneurs et recevoir d'elle chacun un bouquet de sept roses.

Les rosières ont aussi inspiré les poètes, ainsi qu'en témoignent ces vers :

Reine de nos jardins, rose aux mille couleurs,
Sois fière désormais d'être le prix des mœurs
Et de voir éclater les beautés printanières
Sur le front ingénu des modestes bergères.
Sois plus flattée encore de servir en nos jours
De couronne aux vertus que de lit aux
                                                  [amours.
« La pomme à la plus sage » a dit l'antique
                                                  [adage,
Un plus heureux a dit : « La rose à la plus
                                                  [sage. »

Un autre poète a dit :

D'autres amis des mœurs doteront ta
                                                  [chaumière :
Mes présents ne sont point une femme, un
                                                  [troupeau,
Mais je puis d'une rose embellir ton chapeau.

...Et quelques pétales de plus

CONTER FLEURETTE

L'expression est à coup sûr le premier article du code de la galanterie. Fleurette, dérivant de fleur, fut donné aux propos galants, aux compliments flatteurs, accessoire obligé de l'offrande d'un bouquet à une femme. Une autre étymologie est pourtant donnée par de vieux auteurs. Ceux-ci affirmaient que l'expression venait d'une monnaie française ancienne qui portait, gravées, des petites fleurs sur l'une de ses faces. Ces pièces d'argent baptisées *fleurettes* donnèrent naissance à *florin*. On devait donc dire plutôt « compter fleurettes ». Mais le dictionnaire des amants en a décidé autrement. Aujourd'hui, et pour longtemps, les fleurettes sont devenues les armes légères de l'Amour. Et c'est très bien ainsi. Il est à noter que c'est la vieille expression française « conter fleurette » qui, passant la Manche, nous est revenue sous l'habit anglais de *flirt*.

MOIS — ÉMOIS

Lorsque nous étions enfants, souvent nous nous amusions au petit jeu des « mois

amoureux ». En voici quelques exemples :
Janvier... ton sort — Février... tes yeux dans les miens — Mars avec moi dans le petit chemin — Avril moi sous ton parapluie — Mai ta main dans la mienne — Juin ton cœur au mien — Juillet dit que je l'aimais... Mais nous cesserons là notre petit jeu, ami lecteur... avant de décembre trop bas dans votre estime !
Pourtant, si le cœur vous en dit...

LE PREMIER AMOUR D'HENRI IV

Si l'histoire nous a conservé les amours de la belle Gabrielle d'Estrées et du roi Henri IV, elle est demeurée fort discrète quant à celles de la gentille Fleurette. Qui se souvient, en effet, de la jolie mais humble Fleurette, simple fille d'un jardinier de Nérac, et qui fut sans doute le premier amour du Béarnais ? La naïve fillette voyait moins en le jeune Henri un futur roi qu'un adorable compagnon de jeux. Laissant parler son cœur, elle lui abandonna honneur et vertu. Le lieu secret de leurs rendez-vous était une fontaine cachée dans les bois, où Fleurette retrouvait chaque jour son prince charmant. Un matin Henri ne vint pas. Ni les jours suivants, ni plus tard... car déjà l'inconstance s'était glissée dans l'âme du Vert Galant. Fleurette n'était pas de ces frivoles de la cour, et la fontaine, témoin de son bonheur, devint son tombeau. Henri en éprouva une vive douleur... avant de voler vers de nouvelles amours. Et qui se souvient aujourd'hui de Fleurette, la fille d'un humble jardinier de Nérac ?

GUIRLANDE DE JULIE

Voici l'origine de cette belle allégorie :
Le duc de Montausier épousa en 1645 Julie de Rambouillet, ou Julie d'Angennes, qui fut aussi gouvernante des enfants de France sous Louis XIV. Cette femme était remarquable par son esprit et son instruction ; aussi était-elle recherchée par une foule de beaux esprits. Quelque temps avant son mariage, le duc lui adressa sous le nom de *Guirlande de Julie* une offrande poétique composée de fleurs dessinées par le peintre Robert. Au-dessous de chaque fleur était un madrigal dû à la plume des poètes les plus éminents de l'époque, célébrant par allusion aux diverses fleurs les mérites et les grâces de Julie et lui exprimant leur admiration.

HEURES FLEURIES

Les Anciens avaient attribué à chaque heure de la journée une fleur particulière. Ce guide peut encore servir aujourd'hui aux amoureux ardents, pour qui chaque heure loin de la bien-aimée peut provoquer l'envoi d'un bouquet. Heureuses élues !

La première heure, un bouquet de roses épanouies ;
La deuxième, un bouquet d'héliotropes ;
La troisième, un bouquet de roses blanches ;
La quatrième, un bouquet d'hyacinthes ;
La cinquième, quelques citrons ;
La sixième, un bouquet de lotus ;
La septième, un bouquet de lupins ;
La huitième, plusieurs oranges ;
La neuvième, des feuilles d'olivier ;
La dixième, des feuilles de peuplier ;
La onzième, un bouquet de soucis ;
La douzième, un bouquet de pensées et de violettes.

Dictionnaire des sentiments, sensations, vices et vertus

A

abandon :	anémone
abondance :	blé
absence :	absinthe
abusez pas (n'—) :	safran
acclimate (je m'—) :	groseillier
accord :	alisier
adoucissement au chagrin :	saponaire
adultère :	armoise amarella
affabilité :	ansérine bon Henri ; jasmin blanc
agitation :	sainfoin oscillant
aigreur :	épine-vinette
aime (c'est vous seul que j'—) :	hélianthe
aime (je vous —) :	héliotrope
aime (plus je vous vois, plus je vous —) :	germandrée

225

aimer (refus d'—) :	œillet pourpré
aimer toujours :	lycoperdon
aimer (vivre sans —) :	agnus castus
aimez-vous ? :	chrysanthème des près
alarme d'un cœur sensible :	belle de nuit
âme se sent pénétrée de vos bontés (mon —) :	seringat
amertume :	absinthe ; fucus officinal
ami intime (mort d'un —) :	zamier nain du Cap
amicale passagère (liaison —) :	balisier
amitié :	camomille romaine ; œillet blanc
amitié à toute épreuve :	euryale
amitié constante :	arroche sauvage
amitié éternelle :	lierre
amitié fidèle :	zieric trifolié
amitié partagée :	violette double
amitié précieuse :	glycine
amusement frivole :	baguenaudier
amusez-vous :	julienne jaune
amour caché :	clandestine
amour charnel :	cyclamen
amour clandestin :	zoégie d'Orient
amour (faiblesse d'—) :	adoxa muscateline
amour fidèle :	œillet blanc
amour filial :	œillet mignonnette

amour fraternel :	zygophyllum
amour (je brûle d' —) :	fraxinelle
amour (liens d'—) :	chèvrefeuille
amour maternel :	mousse
amour paternel :	eupatoire
amour platonique :	acacia blanc
amour-propre :	giroflée double
amour pur :	œillet girofle
amour tranquille :	bégonia
amour vif :	œillet simple
amour (vous inspirez l'—) :	cupidone bleue
amours coquettes :	valisnerie spirale
amours secrètes :	bouquet de violettes entouré de feuillage
ardeur :	gonet commun ; iris blanc
ardeur dans l'action :	balsamine rouge
arrière-pensées :	aster à grandes fleurs
artifice :	clématite ; crapaudine
apaisement de la souffrance :	jérose
asile :	genévrier
assoupissement :	mercuriale
attaque nocturne :	zamier ; cicadifolia
attendrai ce soir (je vous —) :	lunaire
attendre (vous faites —) :	chrysocome ; lyngsyris
attirez (vous m'—) :	butome en ombrelle ; jonc fleuri
attraits :	campanule ; miroir de Vénus

227

attraperez pas (vous ne m' —) : tamarix
audace : mélèze
aveu d'amour (premier —) : rhododendron

B

ballade sentimentale : noisetier
bassesse : cuscute
beauté durable : giroflée des jardins
beauté et à l'art (prétention à la —) : salicaire
beauté fanée : rose flétrie ; violette jaune
beauté naissante : rose en bouton
beauté passagère : rose épanouie
beauté sans cesse renouvelée : lotus
beaux-arts : acanthe
belle et bonne (vous êtes —) : yucca
bienfaisance : guimauve
bienfait : palmier dattier
bienfait caché : astragale
bienfait des dieux : ailanthe
bienfait (suprême —) : coca
bienfaits (je jouis de vos —) : lin
bonheur : jasmin mauve
bonheur de vous revoir : julienne double

bonheur fragile :	éphémérine de Virginie
bonheur (retour du —) :	muguet de mai
bons offices (je compte sur vos —) :	ulca
bonté du ciel :	avoine
bonté (excellente —) :	fraise
brillez entre plusieurs (vous —) :	ficoïde éclatante
brouille :	wachendurf graminée
brusquerie :	bétoine

C

cachez-vous ? (pourquoi vous —) :	némophile
calme :	alysse des rochers ; camomille
calomnie :	garance
candeur :	giroflée blanche ; laurier blanc ; lis superbe
caprice :	œillet
caractère contrariant :	daphné mezereum
caractère facile :	mauve
causticité :	dentelaire
célibat :	gattilier
chagrin :	aloès
chaleur sentimentale :	menthe poivrée

229

changement :	bourrache ; rudbeckie
charme du monde :	carthame
charmes :	campanule miroir de Vénus ; fusain
charmes trompeurs :	datura
clarté :	chélidoine
cœur (ouvrez-moi votre —) :	sésame
cœur qui s'ignore :	rose blanche en bouton
cœur saigne (mon —) :	baies de genièvre
cœur (sommeil du —) :	pavot blanc
complaisance :	rose du Bengale
concorde :	olivier
confiance :	iris bleu
consolation :	nivéole du printemps
consolez de toutes mes peines (vous me —) :	yèble
constante amitié :	arroche sauvage
contenter de peu (je sais me —) :	joubarbe des toits
contrariant (caractère —) :	daphné mezereum
coquetterie :	belle-de-jour ; asclépiade
correction physique :	férule
correspondre (désir de —) :	citronnier
croyance :	grenadille
cruauté inutile :	dionée
culte :	grenadille

D

danger :	arnique
danger des richesses :	renoncule bouton d'or
danger (mépris du —) :	bograne
danger obscur :	renoncule des jardins
débauche :	xanthium
déclaration de guerre :	belvédère
dédain :	œillet jaune
défense :	dragonnier
dehors trompeurs :	tanaisie
délicatesse :	centaurée bleuet
délire :	mandragore
démarche divine :	sabot de Vénus
dépit :	giroflée rouge ; wachendurf à grandes fleurs jaunes
désir :	jonquille
désir de plaire :	amelle ; lauréole
désirs :	azerolier
deuil :	cyprès ; if
dévouement :	aigremoine
dignités :	giroflier
discorde :	pommier ; ziziphys lotus
discrétion :	capillaire ; rose blanche
dissimulation :	aconit ; astrame
divertissement :	jacinthe
divinité (vous êtes ma —) :	gyroselle
dogme :	grenadille

douceur :	aigremoine ; laurier-rose ; mauve
douceur enfantine :	avelinier
douleur :	aloès ; citronnelle ; cyprès
douleur cuisante :	ortie
duplicité :	grenadier
dureté (physique) :	cornouiller

E

échauffement :	avoine
éclat :	doronic
éclat (faux —) :	zinnia
économie :	érable
écoute (je vous —) :	mouron rouge
éducation (bonne –) :	cerisier
égoïsme, égocentrisme :	narcisse
élégance :	acacia rose ; kennedye couchée
élévation de la pensée :	sapin
émoi amoureux (premier —) :	lilas
énergie :	œillet rouge
enfant chérie :	quintefeuille
enivrement des sens :	mahaleb
envie de voyager au loin :	yucca
erreur :	coqueret
espérance :	aubépine ; feuilles vertes ; verdure

espérance (double —) :	zantorrhize
éternité :	datura fastueux
étourderie :	amandier
étreinte :	aristoloche
extase :	angélique
extravagance :	kennedye à feuilles ovales

F

fâcherie :	wachendurf graminée
faiblesse d'amour :	adoxa muscateline
fatigue :	boule de neige
fatuité :	fleur de grenadier
fausseté :	mancenillier
fécondité :	ammi
félicité :	petite centaurée
festin :	persil
feu :	iris flambé
feu d'amour :	capucine
feu du cœur :	rose blanche et rose
fidélité à toute épreuve :	lychnis de Chalcédoine
fidélité dans le malheur :	giroflée des murailles
fierté :	amaryllis
fièvre :	ziziphus de Chine
finesse :	œillet de poëte
finesse d'esprit :	doradille
flamme ardente :	lycopode
folie :	ancolie ; chanvre ; ellébore
force :	fenouil

force (j'en aurai la —) : valériane
fraîcheur d'âme : rose en bouton
franchise : fougère ; osier
frivole (amusement) : baguenaudier
frivolité : amandier ; brise tremblante
froideur : agnus castus ; nénuphar
frugalité : chicorée
fureur : mandragore

G

gaieté : mélisse
générosité : oranger
génie : platane
gentillesse : fuchsia ; rose pompon
gloire : laurier
gloire oubliée : hortensia
grâce : rose à cent feuilles
grâce légère : fuchsia
grâces enfantines : œillet mignardise
grandeur : frêne ; platane
grosseur : citrouille
guérison : baume

H

hardiesse : pin
harmonie : alisier
heureux toujours : marjolaine
heureux partout (je vis —) : groseillier

horreur :	œillet ponceau ; zamier
hospitalité :	chêne
humilité :	liseron

I

immortalité :	amarante
impatience :	balsamine violette
importunité :	bardane ; basilic d'eau ; gaillet
imprudente confiance :	anémone hépatique
indifférence :	pavot simple
indiscrétion :	grenade ; roseau plumeux
infidélité :	pyrole ; rose jaune
ingratitude :	cuscute
injustice :	houblon
innocence :	petite marguerite ; violette blanche
inquiétude :	lilas jaune ; lis jaune
insouciance :	oxalide
inspiration :	angélique
inspiration poétique :	verveine
instabilité :	algues marines ; fucus et varech
intentions (pures sont mes —) :	lis de Sibérie
intrigues :	westringie à feuilles de romarin
irascibilité :	fragon
ivresse :	vigne

J

jalousie :	ciste
jamais (à —) :	immortelle
jeunesse :	lilas blanc ; zéphyrante à fleurs roses au sommet
jeunesse première :	primevère
jouis de vos bienfaits (je —) :	lin
jouissance (délicate —) :	gesse odorante
jours ont passé (mes beaux —) :	colchique
justice ! (rendez-moi —) :	châtaignier

L

larmes (vous êtes la cause de mes —) :	moutarde
légèreté :	dauphinelle
léthargie :	pavot noir
liaison amicale passagère :	balisier
liens d'amour :	chèvrefeuille
limpidité du sentiment :	fougère
lumière de l'intelligence :	saule Marsault
luminosité :	chélidoine
lutte victorieuse contre l'adversité :	palmier
luxe :	marronnier d'Inde

M

magnificence :	tulipe
majesté :	fritillaire
maladie :	anémone des prés ; ziziphus de Chine
méchanceté :	ivraie
médicament dangereux :	graciole
médiocrité :	pariétaire
méfiance :	lavande
mélancolie :	feuilles mortes
mélodie :	guitarin
mémoire (votre portrait est gravé dans ma —) :	véronique
ménage (mauvais —) :	zoégée d'Orient
mépris du danger :	bograne
mépris public :	zamier en spirale de la Nouvelle-Zélande
mérite caché :	coriandre
mesure :	aigremoine
modestie :	violette
moment propice (je guette le —) :	utriculaire
morosité :	feuilles mortes
mort :	cyprès
mort d'un ami intime :	zamier nain du Cap
mort est dans mon cœur (la —) :	nerprun
musique :	rose à la massue

N

naïveté :	argentine ; lis du Japon
nœuds indissolubles :	lianes
noirceur :	cytise faux-ébénier ; ébénier
nouvelles heureuses :	iris

O

obéissance passive :	drucocéphale
obscurité :	liseron de nuit
obstacles (je condamne les —) :	thlaspi
obstacles (je vaincs les —) :	gui
oracle :	grande marguerite ; pissenlit ; kennedye à grandes feuilles ; laurier-cerise ; pavot rouge ; pyramidale ; xantochyme
ornement :	charme
ornementation :	hibiscus
oubli éternel :	anagosys
oublie mes tourments (j'—) :	népenthès

P

paix :	coudrier
parfumez l'environnement (vous —) :	thym
parler (je puis —) :	géranium robertin
parure simple :	grémil
patience :	patience ; sorbier
pauvreté :	basilic
peine :	souci
pensée est à vous (ma première —) :	volubilis
pérégrinations (goût des —) :	julienne lilas et rouge
perfection :	ananas
perfidie :	laîche ; laurier-amandier
péril :	arnique
persévérance :	chiendent
persévère (je —) :	hémérocalle
piège :	gonet gobe-mouches
plais où vous êtes (je me —) :	phlox
plaire (désir de —) :	amelle ; lauréole
plaisir (doux —) :	rose trémière
plaisir facile et factice :	rose sans épine
plaisir sensuel :	tubéreuse
plaisirs sylvestres :	brunelle
pleurs :	hélénie ; oignons
poésie :	églantier
poltronnerie :	ypreau
précaution :	érable
préférence :	giroflée jaune ; marguerite blanche simple

prenez garde ! :	kalmie
présage (heureux —) :	perce-neige
présence atténue mon tourment (votre —) :	jujubier
présence me réchauffe (votre —) :	romarin
prétention (sans aucune —) :	lychnide-coquelourde
prévision juste :	coralline
prévoyance :	châtaignier ; quinoa
profit :	chou
projet destructeur :	ziziphus cultivé
promenade :	cresson
promptitude :	giroflée de Mahon
prospérité :	hêtre
propreté :	genêt
protection bienveillante :	ronce
provocation :	glaïeul
prudence :	aubépine
pudeur :	sensitive ; violette
punition corporelle :	férule
pures sont mes intentions :	lis de Sibérie
pureté :	lis
pureté de sentiment :	balsamine blanche
pureté divine :	edelweiss
pureté naïve de l'enfant :	lis pompon

Q

qualités heureuses :	poirier
querelle :	ziziphus lotus

qui s'y frotte s'y pique :	échinops
quitter (je vais vous —) :	julienne blanche et violette

R

raison :	galega officinale
réciprocité :	œillet incarnat
réconciliation :	coudrier
reconnaissance :	carmeline ; figuier ; dahlia ; œnanthère odorant à grandes feuilles ; quassi
reconnaissance surpasse vos soins (ma —) :	bouquet de dahlias
refroidissement :	laitue
refus d'aimer :	œillet panaché
regret :	asphodèle
religion :	grenadille
rencontre avec plaisir (je vous —) :	julienne de Mahon
rendez-vous :	morgeline
rendez-vous manqué :	orme
repos :	mélianthe
réserve :	érable
résistance :	houx
répulsion :	jusquiame
résiste à tout (je —) :	kerria
retour du bonheur :	muguet de mai
richesse (source de —) :	jasione

rigueur :	camara piquant
ris (je m'en —) :	muflier
rivalité :	almouza
rougir (vous me faites —) :	orseille
rupture :	paille brisée
ruses :	westringie à feuilles de romarin

S

sagesse :	lis des Incas ; mûrier blanc ; sceau de Salomon
santé :	armoise ; quinquina
santé (bonne et pleine —) :	sauge
secours :	genévrier
sécurité :	nopal
séduction :	primevère oreille d'ours
sens (enivrement des —) :	Mahaleb
sensation jouissive :	œillet couleur de peau
sentiments partagés :	marguerite blanche double
séparons pas (ne nous —) :	julienne blanche
sérénité à mon esprit (vous rendez la —) :	lupin varié
sérieux (je serai —) :	une branche de noyer portant des noix
sociabilité :	giroflée violette
solidité :	kaki

solitude :	carline ; dryade
sommeil :	pavot
sommeil du cœur :	pavot blanc
sommeil (j'ai perdu le —) :	euphorbe réveille-matin
sortilège :	circé
sottise :	géranium écarlate
soulagement :	achillée millefeuilles
souplesse :	jonc des champs
soupçon :	champignon
sourire me glace (votre —) :	ficoïde glaciale
souvenir :	pensée
souvenir douloureux et pénible :	adonide
souvenir heureux :	pervenche
souveraineté :	lis
splendeur :	aster de Chine
stoïcisme :	buis
surprise :	pavot panaché
surveillance :	campanule
surveille (je —) :	épervière
survivrai point (je ne vous —) :	mûrier noir
sympathie :	nigelle de Damas

T

talent modeste reconnu :	camelia
tard (vous vous levez —) :	ornithogale
toujours :	immortelle
tourment :	ixia

tourments (j'oublie mes —) :	népenthès
tout à vous (je suis —) :	gentiane jaune
trahison :	apocyn ; ciguë ; watsonia rose
tranquillité :	alysse des rochers
tristesse :	cyprès ; flouve odorante
trompe (on vous —) :	julienne simple
tromperie :	buglosse ; mancenillier

U

union conjugale :	tilleul
unissons-nous :	épilobe à épi
utilité :	cardère ; carthame ; gazon

V

vanité :	lilas rosé
vérité pénible à entendre :	morelle
versatilité :	oxanthe
vertu :	lavande
vertus et qualités :	réséda odorant
veuvage :	scabieuse ; zéphyrante à fleurs rose foncé
vice :	ivraie
vigueur :	aristée
vigueur renaissante :	gainier
virginité mystique :	lis martagon

vivacité :	pavot rose
vivre sans aimer :	agnus castus
voisinage :	noyer
volupté :	rose moussue ; tubéreuse
voyage lointain :	absinthe petite marine

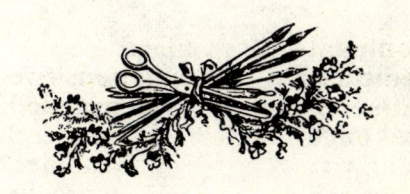

Index des noms locaux ou populaires des plantes citées dans le texte

A

acacie :	sensitive
acétiselle :	oxalide
alkékenge :	coqueret
alleluia :	oxalide
alsine :	morgeline
ambroisie :	xanthium
amourette :	brise tremblante
arbre à l'ouate :	asclépiade
arbre à poivre :	gattilier
arbre de Judée :	gaînier
arbre des teinturiers :	xantochyme
arbre du ciel :	ailanthe
arrête-bœuf :	bograne
aubifoin :	centaurée bleuet
aunée officinale :	hélénie

B

barbeau :	centaurée bleuet
belle-à-voir :	belvédère
belle d'onze heures :	ornithogale
bleuet :	centaurée bleuet
bois de Sainte-Lucie :	Mahaleb
bois gentil :	daphné mezereum ; lauréole
bois joli :	daphné mezereum
boniama :	ananas
boule azurée :	échinops
buis piquant :	fragon

C

cactus raquette :	nopal
capillaire :	doradille
caprice de Marie :	aconit
chardon à foulon :	cardère
cheveux de Vénus :	nigelle de Damas
cinchona :	quinquina
colombine :	ancolie
corchorus :	kerria
cormier :	sorbier
cornette :	ancolie
couronne impériale :	fritillaire
croix de Jérusalem :	lychnis de Chalcédoine

D

dame d'onze heures : ornithogale

damier : fritillaire
daphné garou : lauréole
douce-amère : morelle

E

éclaire (grande —) : chélidoine
églantine : ancolie
épine de rat : fragon
épine d'Espagne : azerolier
eupatoire : aigremoine

F

fabagelle commune : zigophyllum
faux-tremble : ypreau
fève de pourceau : jusquiame
fleur de la Passion : grenadille
fleur de miel : chèvrefeuille
fleur des jeunes époux : tubéreuse
fleur des veuves : scabieuse
fleur du soleil : hélianthe
fraine de perroquet : carthame
frelon : fragon

G

galantine : perce-neige
gants de Notre-Dame : ancolie
glorieuse : yucca
glouteron : xanthium
gueule de loup : aconit ; muflier

H

heiri :	giroflée des murailles
herbe à Robert :	géranium robertin
herbe à tous les maux :	verveine
herbe au charpentier :	achillée millefeuilles
herbe au pauvre homme :	graciole
herbe aux cure-dents :	ammi
herbe aux perles :	grémil
herbe d'âne :	oenothère odorant à grandes feuilles
herbe de Saint-Guillaume :	eupatoire
herbe de Saint-Jean :	achillée millefeuilles
herbe de Saint-Joseph :	achillée millefeuilles
hiéracium :	épervière
houx (petit) :	fragon
hyacinthe :	jacinthe
hydrangée :	hortensia

I

ibéride :	thlaspi
immortelle des neiges :	edelweiss
iris d'Allemagne :	iris flambé

J

jonc fleuri : butome en ombelle
jujubier : ziziphus cultivé

K

ketmie resplendissante : hibiscus
kina-kina : quinquina

L

lampourde : xanthium
langue de bœuf : buglosse

M

magnolier : yuban
messagère des dieux : iris
mezereon : daphné mezereum
mimosa pudique : sensitive
monnaie du pape : lunaire
mouron des oiseaux : morgeline
mufle de veau : muflier
myrte épineux : fragon

N

nielle (grosse —) : lychnide-coquelourde
nigelle des dames : nigelle de Damas

O

œil de Christ :	amelle
onagre :	oenothère odorant à grandes feuilles
oreille de chat :	mouron rouge
oseille (petite —) :	oxalide

P

pain d'abeilles :	saule Marsault
pain de coucou, pain à coucou :	oxalide
pâquerette :	petite marguerite
passe-rose :	rose trémière
passiflore :	grenadille
péone :	pivoine
pied d'alouette :	dauphinelle
pied de lion	edelweiss
pinas :	ananas
pistolet :	aconit
pommier punique :	grenadier
pois de senteur :	gesse odorante
poudre des jésuites :	quinquina

R

reine marguerite :	aster de Chine
rose de Jéricho :	jérose
rose de Jésus :	jérose
rose de mai :	rose pompon
rose de Noël :	ellébore noire
rue des chèvres :	galéga officinale

S

sabot du pape :	aconit
safran bâtard :	carthame
saule de Babylone :	saule pleureur
sorbelette :	aigremoine
sureau commun :	yèble

T

thé de Saint-Germain :	sureau commun
thé des bois :	aigremoine
tournesol :	hélianthe
tremble (faux —) :	ypreau
trompette du jugement dernier :	datura fastueuse
tue-loup bleu :	aconit

V

vernis du Japon :	ailanthe
vesse de loup :	lycoperdon
violier :	giroflée des murailles
visnage :	ammi

Y

yayagua :	ananas
yayama :	ananas

Z

zamia horrible :	zamier

Table des matières

Envoi de fleurs 5
Abécédaire 13
Les dictons bucoliques de Michel le Jardinier 121
   Dictons du temps qu'il fera 123
   Dictons de l'An 127
   Janvier 129
   Février 136
   Mars 143
   Avril 149
   Mai 158
   Juin 166
   Juillet 170
   Août 173
   Septembre 177
   Octobre 181
   Novembre 185
   Décembre 189

D'autres fleurs 199
   Ce que Flore inspira 201
   Origines de la rose 208
   Et quelques pétales de plus 221

Dictionnaire des sentiments 225

Index des noms locaux ou populaires 246

IMPRIMÉ EN FRANCE PAR BRODARD ET TAUPIN
7, bd Romain-Rolland - Montrouge - Usine de La Flèche.
LIBRAIRIE GÉNÉRALE FRANÇAISE.
ISBN : 2 - 253 - 02804 - 5

30/7786/4